CW00485581

11   FOTO**TORST**

ANNA FÁROVÁ

Josef **Sudek**

Jsme rádi, že jsme mohli přispět ke vzniku této publikace.

Thanks to Viktor, Martin, Josef, Jan, and Derek.

Anna Fárová

ISBN 80-7215-249-1
© TORST, 2002
Introduction and photographs © Anna Fárová, 2002
Translation © Derek Paton, 2002

All rights reserved. No part of this book may be reproduced or utilized in any form or by any means, electronic or mechanical, including photocopying and recording, or by any information storage and retrieval system, without permission in a written form from the publisher. Inquiries should be addressed to foto@torst.cz

The Life and Work of Josef Sudek: A Definition

Photography, more than any other artistic medium, is linked to reality; without reality photography could hardly exist. The road taken by a photographer, if he or she wishes to make a unique, universally valid message, is one of projecting his or her subjective experiences, attitude towards life, and individual style onto the reality he or she has chosen to photograph.

From the beginning Josef Sudek (1896-1976) sought his own form of expression, though he welcomed a wide variety of artistic impulses and joined assorted movements. Unusually in the Europe of his day, Sudek understood photography as an independent means of expression. Even as early as the 1920s, while a photography student at the Graphic Arts Technical College, Prague, training with the conservative Karel Novák, who himself was under the influence of the Vienna School, Sudek was seeking his own path. He closely observed the currents outside the school, got in touch with amateur photographers and, in particular, had many discussions with his friend Jaromír Funke, a photographer of the same age and from the same part of Bohemia as himself. Funke was an intellectual who initially studied law, medicine and philosophy at university, though, from the 1920s onwards, he devoted himself solely to photography. Well read and well informed, Funke sought to raise photography to a respected modern medium in its own right, one that would be free of the burden of painterly influences. He soon became the avant-garde leader of modern Czech photography. Sudek, by comparison, was intuitive, emotional, relying almost solely on his own experience of the fine arts; his ingenious eye, however, was unerring. Spontaneously, without a set plan, he discovered what was essential to both his photography and his own expression, and he separated that from what was merely chance. While devoting himself completely to photography, he was always open to new impetuses and forms, free of mechanical formulas.

Painting constituted Sudek's sole textbook on composition and subject matter. At first he was inspired by mid-nineteenth century Romantic Czech landscape painting, though his own work always remained utterly photographic. Not yet bearing his own stamp, his photographs from this period are still along the lines of the photography that had developed by the early twentieth century. Sudek used the techniques of the oil print, carbron print, bromoil print and pigment print; he made arranged still lifes, composed portraits, romantic landscapes and genre pictures. Here and there among them appear photographs that anticipate his later, personal style: a lone tree, an illuminated window, early spring in the countryside. Impressionism appears in his photographs taken on Kolín Island and in Stromovka (a large park in Prague), in which light, which would come to play a truly important role for him later, appears for the first time in his work. Light gradually took on a spiritual quality in his photographs, and as early as in his first series, *Invalidovna* (the war veterans' hospital and home), from 1922-27, in which he photographed his World War I veteran friends, it plays a key role. *Invalidovna* is but the beginning of his series work - thematic stages, which henceforth became typical of his photography. It is also the first of his series to document a personal experience, though it was the last time that such an experience was directly concerned with people.

The next series was *St. Vitus's Cathedral*. Here Sudek depicted the completion of the Gothic Cathedral at Prague Castle. The whole series comprises about a hundred photographs, but in the limited-edition publication of 1928 only fifteen of them were published. This book was important for several reasons: first, it was "official," published to mark the tenth anniversary of the birth of the Czechoslovak Republic; second, it was the publication that placed Sudek immediately in the forefront of interest in the Czech art world; and, lastly, it confirmed him in his choice of Prague as a topic, one he remained with and which became the subject matter both of the vast majority of the books he made on commission and of work made strictly for himself. The St. Vitus's series exhibits all the best traits of Sudek's work: monumentality and intimacy, atmosphere, imbuing the image with spirit by using light, and alternating between grand entities and the symbolism of simple architectural details.

In the 1920s and '30s the first generation of Czechoslovak artists was forming. With great eagerness they opened the doors to international influences, in order to choose the best for inspiration. The generation matured quickly: its artists were full of ideas, vitality and energy; new trends followed one another in quick succession, and general awareness spread. Czechoslovak photography at this time surpassed itself and was now influenced by the American school, "direct photography" (whose principle was not to manipulate the negative), the New Objectivity of Albert Renger-Patzsch, and the photograms of Man Ray and Christian Schad, which, in essence, denied the uniqueness of photography and created a new reality without either the camera or the negative, using a maximum of the imaginary. (Some photographers, such as Funke, were opposed to this approach.) The advent of Cubism and Surrealism brought about a revolution in the fine arts, opening up new possibilities through the liberation of form and the "internal model," and some of these trends were reflected in photography. The Great Depression, in the 1930s, radically brought attention to social problems. The important influence of Soviet avant-garde photography and cinematography was also still being felt, demonstrating, as had the Bauhaus School, the potential of unusual shots and changing points of view. Composition also began to change, and the "dynamic diagonal" was given preference. Czech artists, in the middle of Europe and in the midst of the most recent trends from west and east, eagerly sought to make up for lost time and the lack of modernity in their country, and did so at a frenetic pace.

Sudek, too, was a participant in this change. He belonged to the generation of Edward Weston, Paul Strand, John Heartfield, Alexander Rodchenko, André Kertész, László Moholy-Nagy, Dorothea Lange, Jacques-Henri Lartigue, Albert Renger-Patzsch, Alfred Eisenstaedt, Brassaï, Herbert Bayer and Ansel Adams. Each of these names represented a different approach to photography. They bring to mind the distance modern photography had traveled in the twentieth century, and they symbolize the wide range of possibilities, as well as limitations, of photography, the variety of genres, the unique photogenic nature of the medium, and its idiom. By the 1930s Sudek knew all these trends, taking note of them and working in their spirit.

As early as 1924, Sudek distanced himself from the amateur movement of the clubs, and founded, together with Funke and others, the Czech Photography Society, which protested against the backwardness of the amateurs. In the late Twenties he began close collaboration with *Družstevní práce*, a cooperatively owned and run publishing house and design center, where the most modern applied art in Czechoslovakia of the period was made. Here he became acquainted with a whole generation of artists, many of whom he later collaborated with, in particular Ladislav Sutnar, whose dinner service, china and glasses he photographed. He became the photographer for the whole *Družstevní práce*, including its magazine *Panorama*, for which he even did reportage about its offices and production departments, as well as portraits of its writers and artists. In their expressive diagonal compositions Sudek's photographs, particularly of Sutnar's work, exhibit the influence of Constructivism and Functionalism.

Sudek obtained his own photography studio in 1927. It was located in Újezd street, in the Lesser Town of Prague, and it was here that he set up business, taking photographs of children, newlyweds, as well as other portraits both of groups and of individuals. As a true professional he was fully aware of the value of well-executed orders and genuine craftsmanship. He carried out each commission meticulously. This work includes the reproductions of pictures for *Volné směry* [Liberated Trends], the luxuriously produced art monthly, whose editor-in-chief was Emil Filla. A Cubist painter and writer, Filla became a close friend of Sudek's. Owing to Filla's exceptional intelligence and erudition, Sudek respected him greatly and enjoyed discussions on various topics. The lessons of Cubism, for example, appeared twenty years later in Sudek's "simple still lifes" with a glass and an egg.

Družstevní práce also afforded Sudek an opportunity for a first solo exhibition of his photographs in its exhibition hall in 1932. The exhibited work, comprising photographs made strictly for himself, earned Sudek much critical acclaim at the time. The same year, under the influence of a period trend, Sudek took part in an exhibition called *Social Photography*, which was organized by the Film-Photography group of the Left-Front. In 1936 he took part in the *International Exhibition* at Mánes Gallery (co-organized by Filla), together with, among others, Moholy-Nagy, Rodchenko, Man Ray, Heartfield and Alpert. He showed his work here again in 1938, together with six leading Czech avant-garde photographers, thus, in essence, completing the first stage of his photographic life. By this time, he had achieved public recognition, had a prospering commercial studio, and was fully involved with Czech artists and other intelligentsia. The road he traveled in photography went from Pictorialism and Impressionism to experimental Functionalist composition. It was also at this time that Sudek found his two main topics Prague and light.

With the beginning of the German Occupation and World War II, taking photographs in the streets with a large camera became nearly impossible for him. Just as World War I had harshly intervened in Sudek's life when he lost his right arm and was therefore forced to abandon his original trade as a bookbinder, so World War II brought about a turnaround for him. He moved from the external world to the internal, closing himself in his Újezd studio, and increasingly seeking private topics amidst his own things, his own surroundings, and closest friends. He still had his garden and the gardens of his artist friends, the interior of St. Vitus's Cathedral, and the disused Lesser Town Cemetery with its abandoned tombstones. And then he made perhaps the most important discovery for himself as a photographer, a discovery that at first appears to be of only a technical nature, but one that in fact had a profound effect on his whole means of expression and the final execution of each of his photographs. In 1940 he came upon a large contact print that had probably been made about 1900. It had a strange quality that not even the best enlargement could achieve. From that moment onwards Sudek ceased forever to enlarge photographs; he even gradually returned to his old negatives and began to rework them as contact prints. With its simplicity of execution and the impression it ultimately made, the technique fascinated him. The contact print comported fully with his idea of what the photograph should be. He always preferred tonal values and gradation to graininess and contrast. The contact print enabled him to achieve subtle shifts of value and a superb treatment of the surface. Artistic experience and sophistication led Sudek to add a margin that would directly frame the print. He employed all the elements that seemed insubstantial and even questionable to photographers at the time but which were eventually used by a new generation in the 1980s. All chance was elevated here to aesthetic intention. For almost forty years Sudek's unusual sense of superior craftsmanship, his unerring eye and superb technique were employed in the making of contact prints of various sizes (from 4.5 x 6 cm to as large as 30 x 40 cm and also 10 x 30 cm panoramas). The prints were also special owing to the choice of paper, its toning, the whole technical process, the use of chemicals, the right extent of the border between shadow and light, transitions between light and dark surfaces, the high resolution of black and white areas, and the proportion of the black or white margin to the actual photograph. The work with the contact print, which with its requirement of attention to detail resembled more the craft of the draftsman or graphic artist than what Sudek had known previously while enlarging from a negative. The number of copies he made was further evidence of his attempt to achieve something extraordinary. The definitive conflict between the photographs he made on commission and those for himself culminated in Sudek's work from World War II. The private photographs assumed an increasingly greater place in his work, and he limited commissions to the most necessary; the difference between the two areas was also underscored somewhat by the technique used: he printed photographs for publications differently from the ones he printed for exhibitions and collectors. Sudek never adhered to a set scheme; he disliked the closed systems of abstract theory. For him, work was an adventure imbued with the joy of discovery.

During World War II new topics emerged, for example *Windows*, which resulted from his observing the continuously changing ambience in his Újezd studio. On his window-ledge lay simple items: bread, a glass, a vase with a flower, a little stone, a piece of paper. They first appeared in the photographs of the *Windows* series by chance, not predominating, but gradually gained in importance, and eventually took on a life of their own. They were the ordinary things that photography can generally depict so well. The simple still lifes were made in the Forties, and Sudek returned to them in 1950-54, but now using the rare technique of pigment transfer. In about 1968 the *Simple Still Lifes* series was developed into highly sophisticated groupings of precious objects, such as Art Nouveau flacons, valuable glasses, carved frames and various gifts from friends, which he then arranged on a shelf in his second studio, in the Úvoz street. He called them *Labyrinths*. In the 1970s, form and composition were completely liberated in his work, and life itself, as it passed through the studio, also made remarkably amorphous still lifes. They consisted of discarded tram tickets, shopping bags, tinfoil and string, which had accumulated over time. Sudek's still lifes, more or less arranged, simple or complicated, comprised not only the objects themselves, but also his life and inner meaning, a kind of ambiguity, mystery, relations, and associations. They were objects in which there was always something provocative, unsettling and bizarre. Sudek saw the lives of the objects joined to the lives of the friends to whom they were related, which is why he often called these still lifes *Memories*; they evoked distant or departed friends.

During the war the garden surrounding Sudek's little studio in the courtyard between two apartment buildings also became a topic in his work. A strangely grown tree, depicted in all the seasons, atmospheres and light, shows through a window slightly covered in mist. *The Window*, however, was a special topic. The window of Sudek's studio was one of the first great private topics after 1940, and he devoted himself to it with passion and intensive obsession. Sometimes the windowpane was misted-up and opaque and the reality of the garden was suppressed, causing the photographs to head towards the outer-limits of communicability; sometimes the garden seen through the ever-present glass, together with the repeating motif of the twisted tree, opened up to poetic exquisiteness. For fourteen years, Sudek played with these two worlds, which were linked by the omnipresent glass and marked by the seasons and changes in the weather. The result was one of the largest, most important of his photo series; today it may justifiably be called the first conceptual series in Czech photography. In addition to the photographs of his own garden there were photographs of the gardens of other artist friends. The architect Otto Rothmayer was involved in the remodeling of Prague Castle where Sudek was taking photographs. The two men subsequently met in Rothmayer's garden to photograph chairs the architect had designed himself. This was the beginning of a fruitful collaboration and friendship in an inspirational milieu, resulting in the *Magic Garden* series. As in the 1930s when Sutnar's designs and Sudek's photography formed a single entity, so now, at a completely different level and with new meaning, Rothmayer's garden was joined with chairs and a variety of objects to constitute the mysterious form that Sudek imagined for his photography in the 1950s. His proclivity to the bizarre, playfulness and provocation found both a partner and room for application here. The strange congregation of objects (fragments of sculpture, masks, glass eyes, a kerosene lamp) set in Rothmayer's garden and house were an echo of the Surrealism of Štyrský and Toyen, whose paintings Sudek had often reproduced as photographs.

In the 1950s, Sudek began systematically to photograph the countryside, as well as the town and its outskirts, using an unusual, long 10 x 30 cm format made with a Kodak panoramic camera from 1894. A set of these Prague photographs was published in 1959, by which time Sudek was sixty-three years old, under the title *Praha panoramatická* [Prague Panorama]. (His first monograph was not published till he was sixty.) The last of his books to be published during his lifetime is *Janáček - Hukvaldy*, about the native region of Leoš Janáček, a composer to whom Sudek felt an intense kinship, though he never knew him personally.

Sudek made a vast number of photographs in the course of his life, forming an *oeuvre* of tremendous scope and importance. This *oeuvre* is permeated with a truly special kind of Neo-Romanticism; it is somehow both anachronistic and beyond time. Sudek was a lone soldier, a sage and eccentric, a bit of a Diogenes and Socrates, with his own philosophy of life. Not only his work but also the way he chose to live (which helped him to resolve questions of artistic freedom and personal independence) is admirable.

Sudek was sociable yet solitary, both talkative and taciturn, seeking solace in listening to music, folksy yet sophisticated, open as well as secretive. Although I knew him for many years I still find that after his death I have come to admire other aspects of his colorful personality, aspects that had remained concealed to me during his life. He was a strong, individual artist, at once Czech and of the world. Owing to some features of his earlier published work he may have seemed to many a traditional photographer, and yet as other people gradually became increasingly aware of his subjective kind of expression, he became, paradoxically, an inspiration for non-conformist young photographers all over the world. In his asceticism he reminded one of a monk; he was above the material dimension of life, for being so enabled him to devote himself to the great adventure of making photographic images. He expressed the poetry of objects, plants, towns, parks and the countryside. With his photographic reproductions of sculptures and paintings for catalogues, periodicals, and books, he faithfully served the cause of fine art his whole life long. He managed to obtain the maximum from this experience. Few photographers have succeeded in using the gift of intensive observation of the external world and to transfer that to their work in such an individual way. He was philosopher and craftsman, a man with inexhaustible creative power. He mastered his medium like a medieval master, and subordinated his way of life to the fixed idea of his work. He lived modestly, almost as a poor man, without any luxury whatsoever, and yet as an aristocrat of the spirit he had refined tastes. He disposed of his considerable income as an enlightened patron, supporting Czech artists both at home and abroad. Surrounded by beautiful things, splendid *objets d'art,* he was a connoisseur and collector of art, and managed to give his studio an extraordinary appearance, using an inimitable mix of simple, worthless and unusual items set next to precious, special things he had received or accumulated over many years. (Sudek never threw anything out.) These unusual groupings of miscellany appear mainly in his last still lifes, which he called *Labyrinths.*

He was a voracious reader, and also carried on a long, original correspondence with various people. With the letters and their inimitable style full of intentional spelling mistakes and grammatical errors Sudek attempted to persuade people he was an uneducated man. He crafted his own public image and created his own legend, using his humor as a barrier to make it difficult for anybody to approach his inner-self and private life.

In a certain sense, Sudek's photographs reflect this position. While they can affect the widest range of viewers, from the simplest to the most sophisticated, the individual levels contained in them cannot be discovered till one has become thoroughly acquainted with his whole *oeuvre.* He then leads us further and further into his subtle, complicated and at times almost unreal world. Sudek worried about going too far, about going beyond the bounds of communicability, and that is why after the demanding exploration of his favorite topics he always came back to earth, in order to set out again, with a new realism and purified vision, on the road to poetry and mystery.

Pokus o definici tvorby a osobnosti Josefa Sudka

Fotografie je vázána na skutečnost jako žádné jiné umělecké médium, bez ní nemůže existovat. Cesta, kterou se ubírá fotograf, chce-li po sobě zanechat univerzálně platné a zároveň jedinečné poselství, je cestou, při níž do vybrané skutečnosti promítá vlastní subjektivní prožitky, životní postoj a osobitý styl.

Josef Sudek hledal svůj vlastní výraz od počátku, ačkoli se nezdráhal přijímat nejrůznější umělecké popudy a sám se do různých hnutí zapojoval. Fotografii chápal jako nezávislý výrazový prostředek, což v té době ještě nebylo v Evropě zvykem. Hned ve dvacátých letech, když studoval fotografii na grafické škole v Praze u konzervativního profesora Karla Nováka, vyučujícího pod vlivem konvencí vídeňské školy, hledal svou vlastní cestu. Opíral se o mimoškolní proudy, kontaktoval fotografy-amatéry a hlavně se stýkal a diskutoval se svým přítelem fotografem Jaromírem Funkem, který pocházel ze stejného kraje jako on a byl stejně starý. Funke byl intelektuál, který studoval na vysokých školách postupně práva, medicínu a filozofii, aby se od dvacátých let oddal naplno pouze fotografii. Byl nesmírně sečtělý a informovaný a jeho snahou bylo povýšit fotografii na aktuální a ceněné médium bez zatížení malířskými vlivy. Záhy se stal avantgardním vůdcem moderní české fotografie. Sudek byl oproti němu intuitivní a citový, opírající se o prožitky výtvarného umění, jeho geniální vizualita byla ovšem absolutní. Spontánně a nespekulativně objevoval, co je pro fotografii a pro jeho vlastní výraz podstatné, a to odděloval od nahodilého. Byl stále otevřený novým podnětům a formám, ale neuzavíral se do schémat. Fotografii se celoživotně zasvětil jako řeholi.

Pro Sudka bylo malířství kompoziční a motivickou učebnicí. Na počátku se inspiroval romantickou českou krajinomalbou z poloviny devatenáctého století, ale výsledek byl čistě fotografický. Jeho práce v této době dosud nemají jeho zvláštní osobitou pečeť, spíše jsou ve shodě s vývojem fotografie na začátku století. Sudek používá techniky uhlotisku, bromoleje a pigmentu, tvoří aranžovaná zátiší, komponované portréty, romantické krajiny a žánrové obrázky, mezi nimiž je tu a tam již fotografie, která předjímá jeho osobitý styl: osamělý strom, rozsvícené okno, předjaří v krajině atd. Impresionismus se projevil v jeho fotografiích z kolínského ostrova a Stromovky, v nichž se poprvé objevila práce se světlem, které bude hrát tak závažnou roli v pozdním Sudkově díle. Světlo na jeho snímcích se bude postupně zduchovňovat a již v jeho prvním cyklu z let 1922-27 nazvaném Z Invalidovny, v němž zachytil své přátele-válečné veterány, hraje klíčovou roli. Je to začátek jeho práce v cyklech - tematických etapách, které budou pro jeho tvorbu nadále typické. V cyklu Z Invalidovny je u Sudka poprvé zdokumentován osobní zážitek, je to ovšem zároveň naposled, kdy se tento zážitek týká člověka.

Následovalo další závažné téma: Svatý Vít. Týkalo se dostavby gotické katedrály na Pražském hradě. Celý soubor obsahoval asi stovku fotografií, ale jen patnáct z nich se v roce 1928 dočkalo bibliofilského vydání. Tato kniha byla důležitá hned z několika důvodů: předně, byla to kniha oficiální, neboť byla vydána k oslavě desetiletí Československé republiky, dále, byla to právě ona, která zařadila Sudka okamžitě do popředí uměleckého zájmu, a konečně, utvrdila ho ve volbě pražské tematiky, kterou od té doby neopustil a která se stala náplní převážné většiny jeho zakázkových knih i volného díla. Svatovítský cyklus měl všechny nejlepší znaky Sudkova díla: monumentálnost i intimitu, atmosféru i světelné produchovnění obrazu a střídání grandióznosti celků s významovostí jednoduchých detailů z oblasti stavebního řemesla.

Ve dvacátých a třicátých letech se u nás formovala první generace československých umělců, kteří s velkou lačností otevírali domácí okna široce do světa, aby tam nabrali nové podněty, jež velkoryse rozvíjeli dál. Zrání této generace postupně akcelerovalo: byla plná nápadů, vitality a energie, směry se střídaly, obecné povědomí se rozšiřovalo. Fotografie v té době překračovala sama sebe. Došel k nám vliv americké školy s přímou fotografií nemanipulující negativ, německá Nová věcnost *(Neue Sachlichkeit)* Alberta Rengera-Patzsche, fotogram Man Rayův i Christian Schada v podstatě popírající specifiku fotografie a tvořící novou skutečnost bez fotografického aparátu a bez negativu s maximálním uvolněním fantazijních složek, proti čemuž se stavěl Funke. Ve výtvarném umění působily revoluční změny kubismus a surrealismus, které otevíraly nové možnosti osvobozením formy a uvolněním vnitřního modelu - tyto směry se odrazily též v některých tendencích fotografie. Celosvětová krize třicátých let upozornila pak na problémy sociální. Dozníval též významný vliv sovětské avantgardní fotografie a kinematografie, které ukázaly, stejně jako škola Bauhausu, na možnost nevšedních záběrů, na změnu stanoviště fotografa. Kompozice se dala do pohybu, byla preferována tzv. dynamická diagonála atd. Češi stáli uprostřed Evropy a nejnovější proudění k nim pronikalo od západu i východu. Dychtivě a netrpělivě chtěli vyrovnat dlouholeté opoždění národní kultury a činili to ve frenetickém spěchu. Josef Sudek nebyl bez účasti na tomto živém ději.

Patřil k téže generaci jako Edward Weston, Paul Strand, John Heartfield, Alexander Rodčenko, André Kertész, László Moholy-Nagy, Dorothea Langeová, Jacques-Henri Lartigue, Albert Renger-Patzsch, Alfred Eisenstaedt, Brassaï, Herbert Bayer a Anselm Adams. Co jméno, to rozdílný přístup k fotografii. V souvislosti s těmito jmény si můžeme uvědomit, jakou vzdálenost urazila moderní fotografie dvacátého století. Tato jména symbolizují nejrůznější možnosti fotografie, její meze a různost žánrů, symbolizují její specifičnost, fotogeničnost a její jazyk. Josef Sudek všechny tyto směry znal a vnímal a od třicátých let v jejich smyslu také pracoval.

Vlastně již v roce 1924 se distancoval od klubovního amatérského hnutí a založil spolu s Funkem a jinými Českou fotografickou společnost, která nesouhlasila s amatérskou retardací. Koncem dvacátých let se dostal do úzké spolupráce s moderním nakladatelstvím a střediskem designu nazvaným Družstevní práce, v němž se vytvářelo nejmodernější dobové užité umění. Zde se seznámil s celou generací uměleckých spolupracovníků, zvláště s Ladislavem Sutnarem, kterému fotografoval jeho jídelní, porcelánové a skleněné servisy. Stal se fotografem pracujícím pro celou Družstevní práci a její časopis Panorama, pro který dokonce pořizoval reportáže z kanceláří a výrobních oddělení a portréty spisovatelů a výtvarníků. Zvláště jeho fotografie Sutnarových souborů přiznávají ve svých výrazných diagonálních kompozicích vliv konstruktivismu a funkcionalismu.

Sudek získal roku 1927 svůj vlastní fotografický ateliér na Újezdě, kde si zařídil fotografickou živnost: fotografoval děti, svatby, portréty jednotlivé i skupinové. Jako dokonalý profesionální fotograf nepodceňoval hodnotu dobře odvedené zakázky, poctivé řemeslo. Každou objednávku prováděl přesně a pečlivě. K tomu patřilo i reprodukování obrazů pro luxusně vydávaný umělecký měsíčník Volné směry, který řídil kubistický malíř a spisovatel Emil Filla, s nímž se Sudek spřátelil a s nímž rád diskutoval – mimořádné Fillovy inteligence a erudice si neobyčejně vážil. Nabytá lekce kubismu zazní u Sudka o dvacet let později v jeho jednoduchých zátiších se sklenicí a vejcem.

Družstevní práce poskytla v roce 1932 Sudkovi ve své výstavní síni možnost první samostatné výstavy volných fotografií, kterou dobová kritika vysoce ohodnotila. V témže roce se pod vlivem dobových proudů se sociální tendencí Sudek zúčastnil výstavy Sociální fotografie, která se konala v Praze a pořádala ji skupina Levé fronty Film-foto. V roce 1936 se podílel na Mezinárodní výstavě fotografií v Mánesu (mezi organizátory byl i Filla), kde s ním mezi jinými vystavovali i Moholy-Nagy, Rodčenko, Man Ray, Heartfield, Alpert, a jiní. Vystavoval zde ještě jednou v roce 1938 se šesti předními českými avantgardními fotografy - a tím v podstatě uzavřel první část svého fotografického života. Dobyl si veřejného uznání, měl prosperující živnostenský ateliér a naplno se propojil s českou inteligencí a umělci. Ve fotografii ušel cestu od piktorialismu přes impresionismus k experimentálním funkcionalistickým kompozicím. Našel si též obě svá hlavní témata - Prahu a světlo.

Přišla druhá světová válka. Fotografování v ulicích s velkým aparátem se za německé okupace stalo podezřelým. Stejně jako první světová válka krutě zasáhla do Sudkova osudu tím, že v ní ztratil pravou ruku a musel opustit své původní knihařské řemeslo, i druhá válka způsobila v jeho životě obrat. Obrátil se od vnějšího světa ke světu vnitřnímu. Uzavřel se do svého příbytku na Újezdě a vyhledával stále intimnější tematiku uprostřed světa svých vlastních předmětů, svého prostředí a svých nejbližších přátel. Zůstala mu ovšem též jeho zahrada a zahrady jeho uměleckých přátel, interiér svatovítského dómu i nepoužívaný malostranský hřbitov s opuštěnými náhrobky. A přišel okamžik zlomu - Sudek učinil svůj patrně nejdůležitější objev, který byl na první pohled jen objevem technického řádu, ovšem později zasáhl hluboko do celého jeho výrazu a finálního provedení každé fotografie. V roce 1940 se nahodile setkal s velkou kontaktní kopií asi z roku 1900. Měla podivuhodnou kvalitu, kterou sebedokonalejší zvětšenina nemohla poskytnout. Od tohoto okamžiku Sudek již nikdy nezvětšoval, dokonce se postupně vrátil ke svým starým negativním materiálům a začal je nově zpracovávat v kontaktech. To byla technika, která ho uchvacovala jednoduchostí provedení i konečným dojmem. Kontaktní kopie zcela souhlasila s jeho představou. Vždy dával přednost valéru a gradaci před zrnitostí a kontrastem. Kontakt mu dovolil naplnit touhu po jemných valérových přechodech a přiváděl jeho fotografie k dokonalému pojednání povrchu. Výtvarná zkušenost a rafinovanost vedla Sudka k tomu, že k fotografii začal přidávat okrajový rámec. Použil všechny složky, které se tehdejším fotografům zdály nepodstatné a dokonce chybné a které začala používat až generace fotografů osmdesátých let. Veškeré nahodilosti povýšil na estetický záměr. Sudkův neobyčejný cit pro dokonalé řemeslo, jeho absolutní vidění a dokonalé technické podání ozvláštňovaly téměř čtyřicet let kontaktní otisky různých rozměrů (od 4,5 x 6 cm až do 30 x 40 cm a panoramata 10 x 30 cm), pro něž byla rozhodující i volba papíru, jeho tónování, celý technický proces, použití chemikálií, správný stupeň hranice světla a stínu, přechody světlých a tmavých ploch, prokreslení černých a bílých míst a poměr velikosti černého nebo bílého okraje k vlastní fotografii. Byla to podrobná a pozorná práce, kterou do té doby znával fotograf při zvětšování jen výjimečně, spíše se podobala řemeslu kreslíře nebo grafika. Také počet kopií vypovídal o snaze po dosažení čehosi mimořádného. Definitivní rozpor mezi zakázkovou fotografií a volnou tvorbou kulminoval u Sudka též v letech války. Intimní tvorba u něj nabývala stále většího a většího významu, zakázky omezil jen na ty nejnutnější a rozdíl mezi oběma skupinami své tvorby podtrhl do jisté míry i technicky: jinak kopíroval fotografie pro tisk, jinak pro výstavy a sběratele. Sudek se nikdy nedržel vytvořeného schématu, neměl rád uzavřené systémy abstraktní teorie. Tvorba pro něj byla dobrodružstvím naplněným radostí z objevů.

Za druhé světové války vznikla nová témata, kupříkladu Okna, která se objevila jako výsledek pozorování stále se proměňujících nálad v ateliéru na Újezdě. Na parapetu ležívaly prosté předměty: chléb, sklenice, váza s květinou, kamínek, kus papíru. Nejprve se ocitaly na fotografii Oken náhodou a nepřevládaly, postupně však získávaly na důležitosti a odpoutávaly se k samostatnému životu. Byly to obyčejné věci, jaké má fotografie ráda. Jednoduchá zátiší vznikla v letech čtyřicátých, aby se k nim Sudek vrátil v letech 1950-54 v podobě vzácné techniky pigmentových transferů. Kolem roku 1968 se tato prostá zátiší vyvinula ve velmi rafinovaná seskupení s preciózními předměty, dary přátel, jako byly secesní flakóny, drahocenné sklenice či vyřezávané rámy seskupené na polici v druhém ateliéru na Úvoze. Tato zátiší nazval Sudek Labyrinty. V letech sedmdesátých se forma a kompozice plně uvolnily a podivuhodně amorfní zátiší vytvářel sám život, tak jak šel ateliérem: z pohozených tramvajových lístků, sáčků od nákupů, staniolových papírů a provázků navršených časem. Ve všech Sudkových zátiších, více či méně aranžovaných, jednoduchých nebo komplikovaných, se objevoval nejen předmět sám, nýbrž i jeho život a vnitřní význam, jakási dvojznačnost, tajemství, vztahy a asociace k němu se vížící. Byl to předmět, v němž bylo vždy něco dráždivého, provokujícího, zneklidňujícího a bizarního. Životy předmětů se Sudkovi propojily se životy přátel, k nimž se vázaly: proto se tato zátiší nazývala často Vzpomínky a evokovala vzdálené nebo odešlé lidi Sudkovi blízké.

Za války se objevilo též téma zahrady, obklopující malý Sudkův atelier uprostřed činžáků. Jemně zaroseným oknem prosvítal podivně rostlý strom zachycený ve všech ročních dobách, náladách a osvětleních. Vlastním tématem bylo však Okno. Okno Sudkova ateliéru bylo jedním z jeho prvních velkých důvěrných témat po roce 1940, kterému se věnoval s vášnivou a intenzivní posedlostí. Někdy bylo okenní sklo zamlžené a neprůhledné a realita zahrady byla potlačena, fotografie se pak dostala až na sám práh sdělitelnosti, někdy se zahrada přes stále přítomné sklo a s opakujícím se motivem pokřiveného stromu otevřela poetické líbeznosti. Sudek si čtrnáct let pohrával s dvěma oddělenými světy, které byly propojeny všudypřítomným sklem a poznamenány charakterem různých ročních období a proměnami počasí. Vznikl tak jeden z nejrozsáhlejších a nejznámějších fotografických cyklů, dnes bychom řekli první konceptuální soubor v české fotografii. K fotografiím vlastní zahrady se druží fotografie ze zahrad uměleckých přátel. Architekt Rothmayer se podílel na rekonstrukci Pražského hradu, kde Sudek fotografoval. Oba se pak sešli při reprodukování Rothmayerových židlí na jeho zahradě, a tak se začala plodná spolupráce a přátelství v inspiračním prostředí Kouzelné zahrádky. Jako ve třicátých letech vytvořily jednotu Sutnarovy designy a Sudkovy fotografie, tak v úplně jiné rovině a významu se spojila Rothmayerova zahrada se židlemi a nejrůznějšími objekty do tajuplné podoby v Sudkově představě na fotografiích z let padesátých. Sudkův sklon k bizarnosti, hravosti a provokativnosti zde našel partnera a prostor k uplatnění. Zvláštní setkání předmětů (fragmentů soch, oční protézy, petrolejové lampy) v Rothmayerově zahradě byla ozvěnou surrealismu Štyrského a Toyen, jejichž obrazy Sudek reprodukoval.

V padesátých letech začal Sudek programově fotografovat krajinu, město i jeho periferii na zvláštní podlouhlý formát 10 x 30 cm starým Kodakem, panoramatickou kamerou z roku 1894. Soubor takových pražských fotografií vyšel v roce 1959, v jeho třiašedesáti letech, pod názvem Praha panoramatická. Ostatně Sudkova první monografie vyšla, když mu bylo šedesát let. Poslední knihou vydanou za jeho života se staly v roce 1971 Janáčkovy Hukvaldy, kniha o kraji hudebního skladatele, s nímž se cítil bytostně spřízněný.

Sudek vytvořil za svůj život nesmírný počet fotografií, jeho dílo je kolosální rozsahem i významem. Má v sobě zcela specifický druh novodobého romantismu, je jakoby anachronické a zároveň nadčasové. Sudek byl osamělý pěšák, mudrc a podivín, trochu Diogenes i Sokrates s vlastní životní filozofií. U Sudka lze obdivovat nejen jeho dílo, nýbrž i volbu životního stylu, která mu napomohla vyřešit otázku tvůrčí svobody a osobní nezávislosti.

Sudek byl družný i samotářský, výřečný i málomluvný, hledající útěchu v poslechu hudby, lidově přirozený i rafinovaný, otevřený i tajuplný. Znala jsem ho dlouhá léta, a stejně po jeho smrti objevuji další vrstvy jeho barvité osobnosti, které mi za jeho života zůstaly skryty. Byl silný a osobitý umělec, český i světový zároveň. Mnohým se díky některým aspektům svého dříve zveřejněného díla mohl jevit jako tradiční fotograf, a přitom se díky postupnému poznávání jeho subjektivního projevu stal paradoxně inspiračním zdrojem pro nejmladší nonkonformní generace fotografů po celém světě. Svým asketismem připomínal mnicha, byl nadřazen materiálnímu rozměru života, neboť tak se mohl lépe věnovat velkolepému dobrodružství, jímž mu byla tvorba fotografického obrazu. Vyjadřoval poezii věcí, rostlin, měst, parků i krajin. Po celý život reprodukcemi soch a obrazů pro katalogy, časopisy a knihy věrně sloužil výtvarnému umění. Z této zkušenosti dokázal vytěžit maximum. Málokterému fotografovi se podařilo využít daru soustředěného pozorování a intenzivního vnímání vnějšího světa a přenést je tak osobitě do své tvorby. Byl filozof i řemeslník, člověk s nevyčerpatelnou tvůrčí silou. Řemeslo ovládal po způsobu středověkých mistrů a životní styl podřizoval utkvělé představě díla. Žil skromně, skoro jako chudák, bez jakéhokoli přepychu, a přece jako šlechtic ducha měl své rafinované libůstky. Se svými značnými příjmy nakládal jako osvícený mecenáš. Podporoval české umělce doma i v zahraničí. Obklopovaly jej krásné věci, skvostné umělecké předměty. Byl znalcem a sběratelem umění a svému ateliéru dokázal vtisknout neopakovatelnou tvář směsicí prostých, bezcenných a obyčejných předmětů, které se ocitaly v sousedství drahocenných a exkluzivních věcí, jež po dlouhá léta dostával a shromažďoval. Josef Sudek nikdy nic nevyhodil. Neobyčejná setkání různorodých předmětů se objevují především na jeho posledních zátiších, kterým říkal Labyrinty.

Byl nenasytným čtenářem knih a vedl rozsáhlou a originální korespondenci, která se svým nenapodobitelným stylem snažila lidem namluvit, že jejím původcem je nevzdělaný člověk bez znalosti pravopisu. Sudek schválně vytvořil veřejný obraz své osobnosti a pracoval na své legendě. Jeho humor představoval překážku, která bránila proniknout příliš snadno do jeho nitra a soukromí.

Sudkovy fotografie v jistém smyslu tento postoj odrážejí. Mohou zasáhnout nejrůznější okruhy diváků, od nejprostších po nejsofistikovanější, ale jednotlivé vrstvy v nich obsažené lze objevit až po důkladnějším poznání celého jeho díla. Pak nás zavádí dál a dál do svého jemného, obtížného a někdy až nereálného světa. Sudek se obával, aby nezašel moc daleko, bál se, aby příliš nepřekročil meze sdílnosti, z náročných průzkumů svých oblíbených témat se proto vracel zpět na zem, aby se s novým realismem a s očištěným pohledem znovu vydal za poezií a tajemstvím.

1 **The Last Leaf / Poslední list** 1926

2 **From South Bohemia / Z jižních Čech** 1930

3 **Elbe Landscape / Polabská krajina** 1924

4 **Landscape near Kolín / Krajina u Kolína** 1936–39

5 **Hlubočepy Landscape / Hlubočepská krajina** 1924–25

6 **Morning Tram / Ranní tramvaj** 1924

7 **Morning in Na poříčí Street / Ráno Na poříčí** 1919

8 **From Kolín Island / Z kolínského ostrova** 1924–26

9 **From Kolín Island / Z kolínského ostrova** 1924–26

War Veterans' Hospital and Home / Z Invalidovny 1922–27

11 **War Veterans' Hospital and Home / Z Invalidovny** 1922–27

12 **War Veterans' Hospital and Home / Z Invalidovny** 1922–27

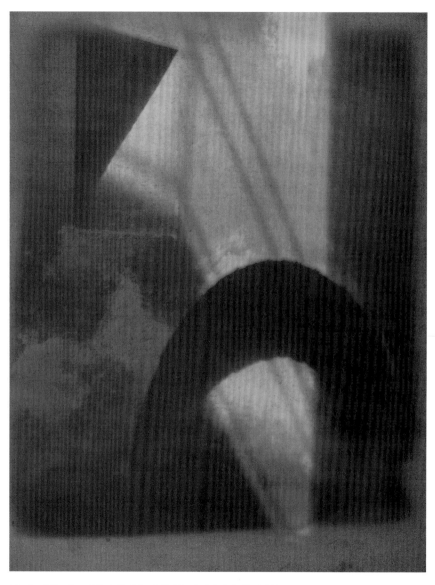

13 **Architectural Detail / Architektonický detail** 1930

14 **Architectural Detail / Architektonický detail** 1930

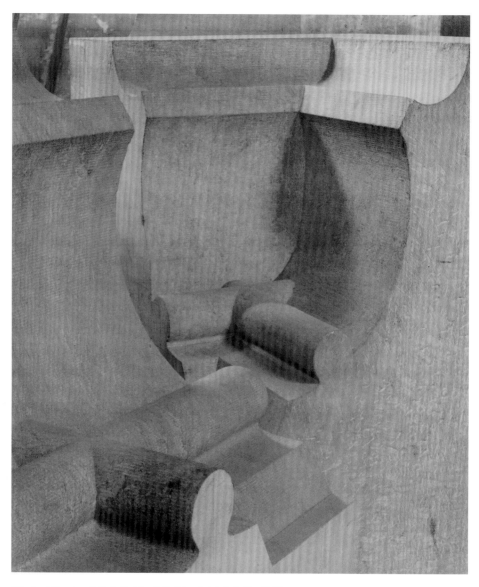

15 **Architectural Detail / Architektonický detail** 1927

16 **From St. Vitus's Cathedral / Ze Svatovítského chrámu** 1924–28

17 **From St. Vitus's Cathedral / Ze Svatovítského chrámu** 1927

18 **From St. Vitus's Cathedral / Ze Svatovítského chrámu** 1924–28

19 **From St. Vitus's Cathedral / Ze Svatovítského chrámu** 1927

20 **From St. Vitus's Cathedral / Ze Svatovítského chrámu** 1927

21 **Advertisement / Reklamní fotografie** 1932–36

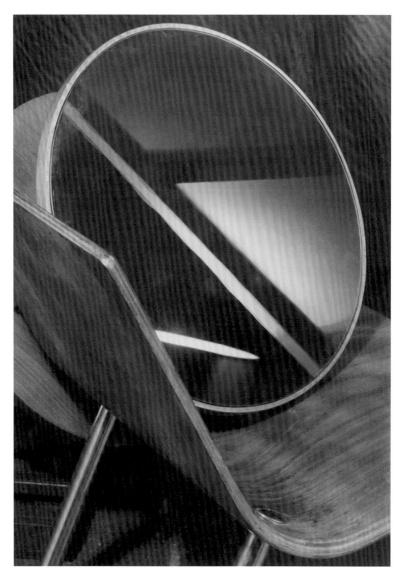

Advertisement / Reklamní fotografie 1932–36

Advertisement / Reklamní fotografie 1932

24 **Advertisement / Reklamní fotografie** 1932–36

25 **Advertisement / Reklamní fotografie** 1932–36

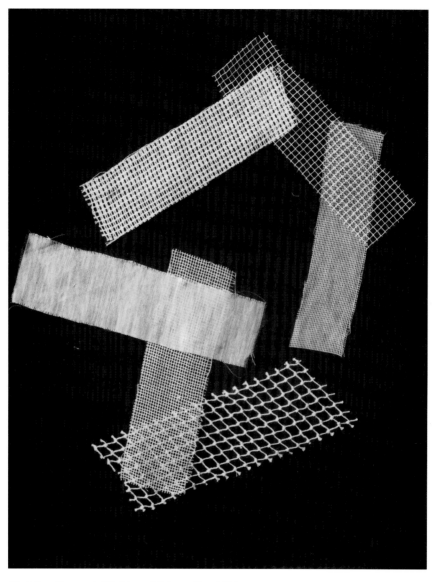

26 **Advertisement / Reklamní fotografie** 1936

27 **African Masks / Africké masky** 1935

28 **Milena** 1942

29 **The Painter Václav Sivko / Portrét malíře Václava Sivka** 1955

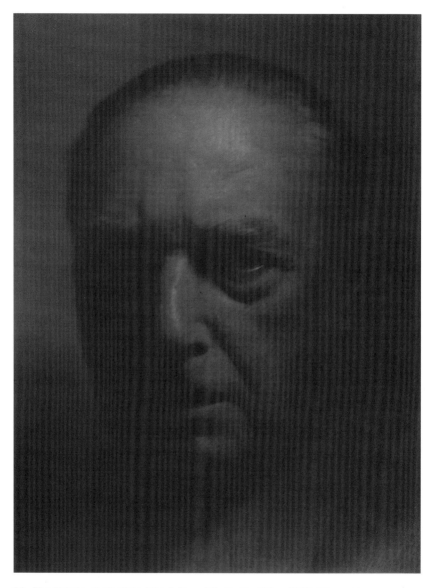

30 **The Painter Emil Filla / Portrét malíře Emila Filly** 1947–53

31　**The Painter František Tichý / Portrét malíře Františka Tichého**　1936

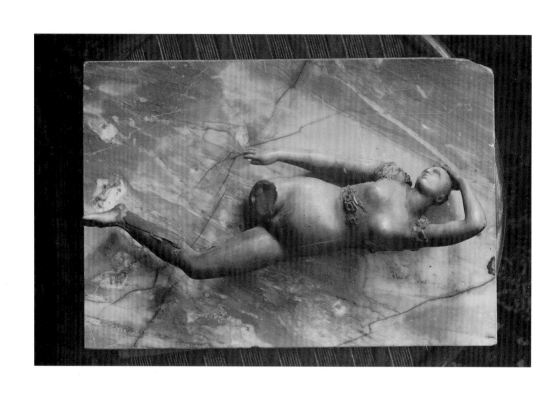

33 **Sculptural Detail / Detail sochy** 1951–54

34 **At the Sculptor Velimský's / U sochaře Velimského** 1951–54

35 **Detail with Baroque Wing / Detail s barokním křídlem** 1951–53

36 **Hradčany from Charles Bridge / Pohled na Hradčany od Karlova mostu** 1946–55

37 **St. Vitus's Cathedral from the Black Tower / Svatovítský chrám z Černé věže** 1956–59

38 **Evening in the Seminary Garden / Večer v Seminářské zahradě** 1950–59

39 **A Walk on Shooter's Island / Procházka po Střeleckém ostrově** 1954–55

40 **Prague Motif / Pražský motiv** 1954

41 **A Walk in Chotek Gardens / Procházka po Chotkových sadech** 1972

42 **A Walk in Chotek Gardens / Procházka po Chotkových sadech** 1971–73

43 **Untitled, undated / Bez názvu, nedatováno**

44 **Prague Gardens / Pražské zahrady** 1950–54

45 **Glass / Sklenice** 1950–54

46 **Simple Still Life / Jednoduché zátiší** 1954

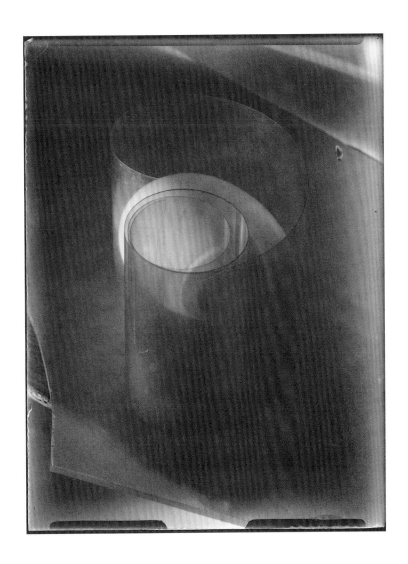

47 **Composition / Kompozice** 1950–54

48 **Plate with Egg / Talíř s vejcem** 1950

49 **Negative / Negativ** 1950–54

50 **Still Life with Onion / Zátiší s cibulí** 1950–54

51 **Bread, Egg and Glass / Chléb, vejce a sklenice** 1950–54

52 **On the Window Ledge of My Studio / Na okně mého ateliéru** 1944–53

53 **My Studio Window / Okno mého ateliéru** 1940–54

54 **My Studio Window / Okno mého ateliéru** 1940–54

55 **My Studio Window / Okno mého ateliéru** 1940–54

56 **Still Life on a Window Ledge / Zátiší na okně** 1952

57 **My Studio Window / Okno mého ateliéru** 1940–54

58 **My Studio Window / Okno mého ateliéru** 1940–54

59 **In the Magic Garden / V kouzelné zahrádce** 1954–59

60 **In the Magic Garden / V kouzelné zahrádce** 1954

61 **In the Magic Garden / V kouzelné zahrádce** 1954–59

In the Magic Garden / V kouzelné zahrádce 1954–59

63 **From the *Memories* series / Z cyklu Vzpomínky** 1948–64

64 **In the Magic Garden / V kouzelné zahrádce** 1954–59

65 **Morning Dew / Ranní rosa** 1946

66 **A Walk in the Mionší Forest / Procházka po Mionší** 1952–70

67 **Untitled / Bez názvu** 1967

68 **Mionší Morning / Mionší ráno** 1970

69 **A Walk in the Mionší Forest / Procházka po Mionší** 1952–70

70 **Sculpture Covered in Dew / Orosená socha** 1972

71 **In the Garden of Madam Sculptress / V zahrádce paní sochařové** 1953–57

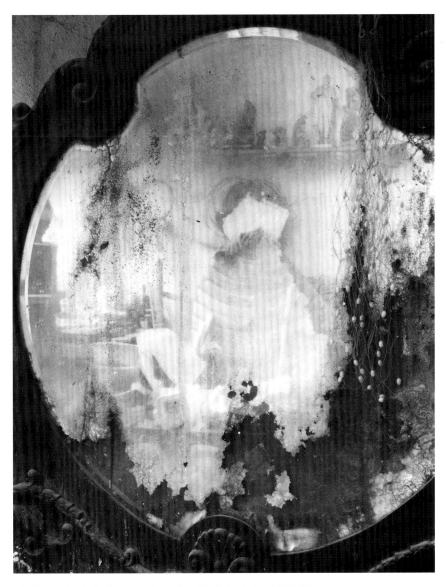

72 **From the *Labyrinths* series / Z cyklu Labyrinty** 1948–72

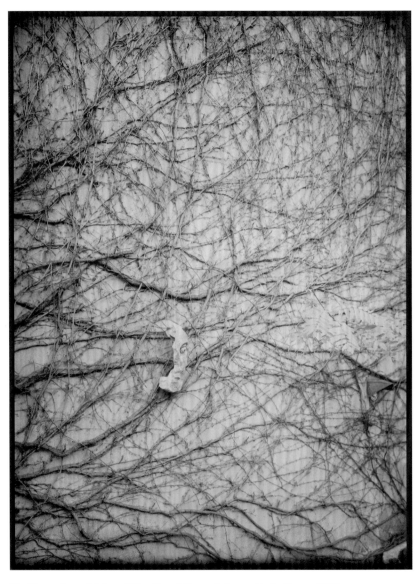

73 **Memories of Edgar Allan Poe** / *Vzpomínka na E. A. Poea* 1959

74 **In the Garden of Madam Sculptress / V zahrádce paní sochařové** 1953–57

75 **From the *Labyrinths* series / Z cyklu Labyrinty** 1972–75

76 **From the *Glass Labyrinths* series / Z cyklu Skleněné labyrinty** 1968–72

77 **From the *Glass Labyrinths* series / Z cyklu Skleněné labyrinty** 1968–72

78 **From the *Glass Labyrinths* series / Z cyklu Skleněné labyrinty** 1968–72

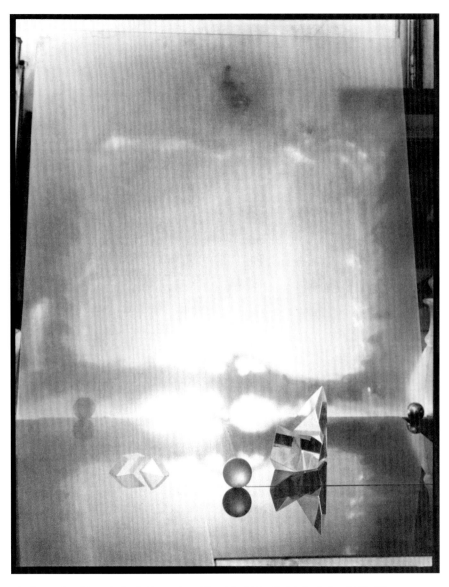

79 **From the *Glass Labyrinths* series / Z cyklu Skleněné labyrinty** 1968–72

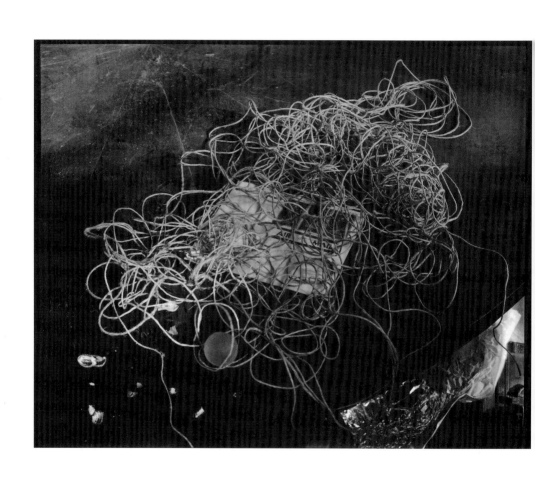

80 **From the *Memories* series / Z cyklu Vzpomínky** 1972

Biographical Data

1896	Born on 17 March, in Kolín, the second child of Václav and Johanna Sudek; his elder sister Josefína died on 12 April 1895, the day after she was born.
1897	On 16 October, his sister Božena was born in the historic little town of Nové Dvory, where the Sudek family had settled. (In 1914, she apprenticed in the Kolín studio of her cousin Bohumila Bloudilová, and became a photographer and retoucher; in the spring of 1930 Božena became an assistant to Josef in his Prague studio.)
1898	On 1 January, Václav Sudek died of pneumonia.
1902–08	Attended elementary school in the Baroque manor at Nové Dvory.
1908	Accepted for a two-year program at the Royal Bohemian Trades School in the town of Kutná Hora.
1910	On 15 July, registered for a three-year apprenticeship with the Prague bookbinder František Jermann, and began to take photographs there with a friend the following year.
1913	On 12 August, received his journeyman's certificate from the Guild of Bookbinders, Box-makers, Case-makers in Prague. Began employment as a bookbinder's assistant in the town of Nymburk.
1915	On 15 December, enlisted in the Bohemian town of Saaz (Žatec); on 21 January 1916 transferred to Kadaň, where he sought out other soldiers who were also amateur photographers.
1916	Assembled a small album of 156 original 3.5 x 5 cm photos of Prague and the Bohemian countryside, which he had taken over the last two years.
1916	Continued photography as a reservist in a jäger regiment, after leaving for the Italian front in July.
1917	In late May, hit in the shoulder by Austrian shrapnel; as a result, his right arm was amputated in Gratz about one month later. Three albums, containing a total of 154 small original photographs of military life, have been preserved from the war years.
1918	In the early part of the year, went from hospitals in Kolín, Kutná Hora and Prague to veterans' hospitals and homes in Prague - Letenská pláň, Pohořelec and eventually Karlín, where he made the *Invalidovna* series (1922-27). In the post-war years he often returned to visit his native Kolín, where he came to know Jaromír Funke, and from there he used to go and photograph the countryside along the River Elbe.
1919	On 28 February, the Czechoslovak Republic awarded him hundred-percent invalidity for employment disability and gave him an invalidity pension. The deputy director of the Bohemian Office for War Invalids, Václav Nedoma, became his patron, introducing Sudek to the Czech Amateur Photography Association, Prague, where he received a scholarship and gained access to a photo lab (1920-22).
1920	Turned down an offer of a white-collar job, preferring the uncertain future of an artist. For the professional operation of a photography studio he still lacked a certificate of apprenticeship, the prerequisite for a trade license.

1921	On 10 February, deregistered himself from the Roman Catholic Church, though he never lost his faith in God. During a members' exhibition in the Czech Amateur Photography Association on Národní třída, Prague, he received first prize in the landscape category. The Czech-American Drahomír Josef Růžička introduced him to the purist Pictorialism practiced in America, which soon had an influence on Sudek's photographs. His work in the 1920s comprised portraits, genre photographs, Prague architecture, and the play of light on the landscape. At Nedoma's urging, he applied to the Graphic Arts Technical College to train in photography with Karel Novák, and was accepted the following year.
1922	On 26 June, black-balled from the Czech Amateur Photography Association for being too avant-garde, and, on 3 July, helped to found his next place of refuge - the Prague Photography Club.
1923	Traveled to Ghent for a reunion of war veterans, and also visited Paris.
1924	Sent examples of his work to leading exhibition organizers in the West. On 27 June, graduated from the Graphic Arts Technical College. The extent of his invalidity was officially reduced by twenty percent. In the summer, began to photograph the completion of St. Vitus's Cathedral, Prague: "That's where it began. That's where I experienced an epiphany." On 9 July, expelled from the Czech Amateur Photography Association. With two other expellees - Funke and Adolf Schneeberger - he made preparations for the founding of the Czech Photography Society, which was eventually established on 4 December.
1926	Began collaboration with the up-and-coming publishing house Družstevní práce, for which he made a number of advertisements with the industrial designer Ladislav Sutnar in a Functionalist spirit. Participated in the first Members' Exhibition of the Czech Photography Society. Left on a two-month trip, by way of Austria, to Slovenia and, ultimately, Italy, where he visited the place he had received the wound that cost him his arm.
1927	On 1 June, signed the lease for a garden studio in the courtyard of Újezd 432, in the Lesser Town of Prague. He made the acquaintance of the painter František Tichý, whom he would provide (as he did other artists) with financial support.
1928	On 30 January, became a member of the Society of Photographers of the Prague Chamber of Trade and Commerce. Established his own company. Soon received a wide range of commissions; increasingly published his photos in magazines; became sought--after as a photographer for advertisements, portraits, and of architecture, painting and sculpture. At the same time he became a collector of fine art - in 1930-45, Sudek's collection grew to contain more than a thousand paintings, drawings, sculptures and prints, focusing on the work of František Tichý, Jan Benda and Andrej Bělocvětov. In Družstevní práce, of which he became a member on 6 July, he published, at the instigation of the painter and graphic artist Emanuel Frinta, Svatý Vít [St. Vitus's Cathedral], a limited-edition portfolio of fifteen original photographs with a text by the ideologically Roman Catholic writer Jaroslav Durych, to mark the tenth anniversary of the Czechoslovak Republic.

1929	Published his first album of photographs concerning Czech life and institutions. Took part in the Second Members' Exhibition of the Czech Photography Society.
1930-31	Invited by Alexandr Hackenschmied to take part in the *New Photography Exhibition*, the first group show of avant-garde photographers in Prague; also took part in exhibitions organized the following year in the Aventinum penthouse gallery (probably called the *Exhibition of Modern Photography*). The Orbis calendar for 1931 also contained his photographs.
1932	His first solo exhibition, comprising 64 works, was held in the Krásná jizba, the Prague commercial gallery of the Družstevní práce publishing house. The head of the publishing house commissioned Sudek to provide 26 of his own photographs to be used in its calendar for the coming year. On 1 November, became a member of the Umělecká beseda.
1933	Participated in the *Exhibition of Social Photography*, which was organized by Lubomír Linhart as part of the Film-Photography Group of the Left Front.
1936	Carried out organizational tasks and contributed photographs for the *International Photography Exhibition* in the gallery of the Mánes Artists' Association, Prague, which, in consequence of this event, founded a photography section; as a member, Sudek came to know another circle of artists.
1938	An exhibition was held of the work of six members of the Mánes photography section, including 86 photographs by Sudek from the years 1918-37.
1939	His work was included in *A Hundred Years of Czech Photography*, an important retrospective held in the Museum of Decorative Arts, Prague. During the war and German Occupation (from 15 March 1939 to 9 May 1945) Sudek provided asylum to others in the form of apprenticeships to the medical student Jaroslav Kysela and the artists Vladimír Fuka and Václav Sivko, and, in November 1945, to Sonja Bullaty. During this period the Tuesday meetings of friends who gathered to listen to gramophone music in Sudek's studio became a regular event, which continued until spring 1972.
1940	Switched from modern photography done on commission to photography done strictly for himself with his own choice of subject matter and interpretation, using the technique of contact print with various-sized negatives; began working with large-format cameras (as big as 30 x 40 cm). Initiated the key series *The Window of My Studio* (1940-54, added to later), marking the beginning of his mature work. From it came intimate still lifes, which developed into independent, sometimes bizarre arrangements. Strolls in Prague gardens and parks in this period also inspired a new, dreamy form of photographic expression.
1941	On 18 January, provided Sfinx-Janda publishers with a hundred photographs for the album *Pražský hrad* [Prague Castle], which, owing to the German Occupation, could not be published till autumn 1945. (In 1947, it was republished in Czech and also came out in English translation.) Invited to become a member of the jury determining the schedule of the Topič Exhibition.
1943	Contributed to a portfolio of original photographs, which was titled *Moderní česká fotografie* [Modern Czech Photography] with an introduction by the avant-garde theorist Karel Teige, and also to *Pražské zahrady* [Prague Gardens].

1944	On 27 March, Emanuel Poche, an expert on Prague architecture, invited Sudek to work with him on a book about Charles Bridge.
1945	On 22 March, Funke died. By the end of the 1940s, alone and with others, Sudek gradually published in albums many of his earlier and current photographs with Prague subject matter. Jiří Toman joined him, eventually assisting him in about a quarter of the photographs for *Praha panoramatická* (1959) [Prague Panorama; publ. in English as *Prague Panoramic* (1992)].
1947	Ignoring the period trends, Sudek returned to the pigment technique, with which he could "defamiliarize" the print. He also began to make his own contribution to the group publication *Pražské ateliéry* [Prague Studios] (1947-53). On 18 December, he helped to re-establish the photography section of the Mánes Society, which, after the Communist takeover in February 1948, became a platform to legalize free-lance status.
1948	On 15 January, his membership in the Mánes Society was confirmed; on 12 February, the Chamber of Trade and Commerce in Prague took note of the twenty-year existence of his photography business. In the offices of Svoboda publishers he met Jan Řezáč, who later became editor of many his books, curator of his exhibitions and promoter of his work. They began their collaboration with the coffee-table book *Praha* [Prague], which included a selection of verse provided by the leading Czech poet Vítězslav Nezval. The home of the architect Otto Rothmayer inspired Sudek to develop the series *Procházka po kouzelné zahrádce* [A Walk in the Magical Garden] (1948-64) and many other photos from the contemporaneous set *Vzpomínky* [Memories]. Made the first photographs for the *Labyrinths* series (which received its name only in 1963), and continued to develop this idea for a good ten years.
1949	On 7 January, his membership in the Union of Czechoslovak Fine Artists was recognized, and he thus managed not to have his studio nationalized.
1950	Began work on the book *Janáček - Hukvaldy*.
1951	Presented photographs for the album *Chrám svatého Víta* [St. Vitus's Cathedral], to be published by Orbis, but they decided "not to publish it, because it is a church," as he himself complained in a letter to Sonja Bullaty three years later.
1952	Visited the Mionší primeval forest at Jablunkov, in the Beskid Mountains, which led to the collection *Zmizelé sochy* [Vanished Statues] (1952-70) and his largest ever expression of love for a single region.
1953	His mother, Johanna Sudková, died at the age of 84; the death of the painter Emil Filla hit Sudek equally hard. After the currency reform he said that his standard of living had declined to what it had been when he had just started out in business a quarter of century earlier.
1955	The March issue of *Československá fotografie*, which included an article about him by Jiří Jeníček, brought Sudek to the attention of readers of this Ministry of Culture periodical. Won the 1954 Prize of the Central National Committee of Prague.
1956	On 26 February, remarked about *Praha panoramatická* [Prague Panorama], the book he was working on: "Made 242 'sausages' of Prague so far; at least 60 more still to make." To mark his sixtieth birthday the first Sudek monograph was published, containing 232

photogravure plates of photographs from 1915 to 1955; it had a print-run of 30,000 and was widely reviewed; the foreword was written by the Marxist critic Lubomír Linhart in a Socialist-Realist spirit.

1957	He began a six-year period of photographing the Most region in northern Bohemia, an area devastated by industrial pollution. The book was posthumously published as *Smutná krajina* [Melancholy Landscape] (1999); the editors had originally chosen the title *Severní krajina* [Northern Landscape]. The publication of *Karlův most* [Charles Bridge], which had been ready since the early 1950s, was also postponed till 1961, and publication of the collection of photographs of Janáček's native Hukvaldy was postponed till 1971. The series *St. Vitus's Cathedral* and *The Bohemian Central Massif* (*České středohoří*) have never been published as independent sets.
1958	In the Aleš Hall of the Umělecká beseda, Prague, an exhibition was held of 82 of Sudek's works made strictly for himself from the last four years; it then moved on to the Brno Art Centre. 176 photographs were published in the catalogue *Lapidarium Národního musea* [The Sculpture Gallery of the National Museum]. Sudek became a member of the editorial board of the art-photography department of SNKLHU publishers, which had been founded by Jan Řezáč, Editor-in-Chief, after the success of Sudek's monograph published at Řezáč's instigation. Rothmayer designed the jacket, the binding and the layout of 284 plates of *Praha panoramatická* [Prague Panorama]; it was published in January of the next year, thanks again to Řezáč, and accompanied with poems by Sudek's friend Jaroslav Seifert.
1959	On 20 April, acquired a flat at Úvoz no. 160, in the Prague Castle area; his sister remained in the studio where Sudek had his photo lab.
1960	Sivko organized the exhibition *Josef Sudek ve výtvarném umění* [J. S. in Fine Art] in the Fronta Gallery, Prague, bringing together 114 portraits of Sudek by 22 artists.
1961	On 18 March, on the occasion of his sixty-fifth birthday, became the first photographer to be conferred the Czechoslovak government distinction Artist of Merit, for his life's work. SNKLHU published the album *Karlův most* [Charles Bridge].
1963	The imaginative side of Sudek's work was exhibited in the gallery of the Czechoslovak Writers' Union, Prague, with Řezáč as curator. The framing and mats by Rothmayer emphasized the artificial nature of his work. The public response to the exhibition was mostly cool.
1964	Artia published *Sudek*, a superb monograph for export with a foreword by Řezáč and 96 plates of work Sudek had made strictly for himself; it helped to establish his international renown.
1966	The February issue of *Československá fotografie* contained a special section to mark Sudek's seventieth birthday. The Czechoslovak government awarded Sudek the Order of Labor; on 31 October, awarded the Czechoslovak Artists' Union prize for applied art and industrial design.
1967	Encouraged by Anna Fárová to take part in the contemporary comparative exhibition 7 + 7, which she mounted in the Václav Špála Gallery, Prague. Americans began to take serious notice of Sudek's work: Michael McLoughlin, of the University of Nebraska,

invited him to take part in the *Five Photographers* exhibition, to be held in May 1968, together with Eikoh Hosoe of Tokyo, Bill Brandt of London, Ray K. Metzker of Philadelphia and John Wood of New York.

1970   Conferred the title 'Excellence' by the Fédération Internationale de l'Art Photographique; the Czech Amateur Photography Association, which had, since the early 1920s, systematically excluded him, now came out in his support.

1971   On 17 March, Bullaty mounted an invitation-only exhibition of Sudek's work in the Bullaty-Lomeo Studio.

1972   On 17 March, Marjorie Neikrug, in her New York gallery, made his work accessible to the general public in the first American solo exhibition of Sudek's work.

1974   His *oeuvre* was slowly coming to a close; took stock of his life's work and made new contact prints from earlier negatives.

1976   In March, Fárová published a medallion in *Československá fotografie*, 'Z tvůrčí dílny Josefa Sudka osmdesátiletého' [From the workshop of the eighty-year-old Josef Sudek], and the April issue of *Camera* published an interview and articles by Fárová and the Editor--in-Chief Allan Porter (who had worked with Sudek for ten years). Sudek mounted three retrospectives to mark his eightieth birthday: in Prague with Fárová, in Brno with Antonín Dufek and one to be sent abroad with the Ministry of Culture, which began on 11 September in Aix-La-Chapelle with Petr Tausk. Sudek died in Prague, on 15 September; his obituary was written by Jaroslav Seifert; on 23 September, his funeral was held at the Strašnice Crematorium; the urn with his ashes is buried in the family grave in Kolín. His estate, catalogued by Fárová from 1976 to 1985, comprised 21,660 prints, 54,519 negatives and 618 other works of art (pictures, drawings, sculptures, prints); as the executor of his will, she gradually distributed it in compliance with the wishes of Sudek and his sister Božena among the following institutions: the National Gallery in Prague, the Museum of Decorative Arts in Prague, the Institute for the Theory and History of Art at the Academy of Sciences, Prague, the Moravian Gallery in Brno, the Regional Gallery of Fine Art in Roudnice nad Labem, the Regional Museum in Kolín and the Bibliothèque Nationale, Paris.

The large-format monograph *Josef Sudek* by Anna Fárová (Torst, 1995) served as the main source for this section.

Životopisná data

1896   17. března přišel v Kolíně na svět Josef Sudek, druhé dítě Václava a Johanny Sudkových; starší Josefína zemřela 12. dubna 1895, den po porodu.

1897   16. října se mu v historickou tradicí kultivovaném prostředí městečka Nové Dvory, kde byla rodina usazena, narodila sestra Božena; ta se roku 1914 vyučí v kolínském ateliéru sestřenice Bohumily Bloudilové fotografistkou-retušérkou a od jara 1930 bude zaměstnána jako pomocnice v bratrově ateliéru v Praze.

1898   1. ledna děti částečně osiří - otec jim umírá na zápal plic.

1902-08   Je žákem obecné školy v Nových Dvorech, situované v někdejším barokním zámeckém sídle.

1908   Na dvě léta ho přijímá Královská česká zemská škola řemeslnická v Kutné Hoře.

1910   15. července je zapsán do tříletého učení u pražského knihaře Františka Jermanna; zde začíná spolu s kolegou roku 1911 fotografovat.

1913   12. srpna je mu vystaven tovaryšský list Společenstvem knihařů, kartonážníků, ozdobníků a pouzdrařů v královském hlavním městě Praze. Nastupuje zaměstnání knihařského dělníka v Nymburce.

1915   15. prosince rukuje do Žatce, 21. ledna 1916 je převelen do Kadaně, kde kontaktuje vojáky-fotoamatéry.

1916   Sestavuje útlé album 156 originálních záběrů Prahy a české krajiny, exponovaných v posledních dvou letech na formát 3,5 x 5 cm.

1916   Pokračuje ve fotografování i jako domobranecký myslivec po červencovém odjezdu na italskou frontu.

1917   Koncem května je zasažen do ramene střepinou rakouského granátu. Přibližně o měsíc později je mu ve Štýrském Hradci amputována pravá paže. Z válečných let se dochovala tři alba s celkem 154 drobnými originálními fotografiemi z vojenského života.

1918   Začátkem léta přechází z péče nemocnic v Kolíně, Kutné Hoře a v Praze do zaopatření pražských invalidoven na Letenské pláni, na Pohořelci a konečně i v Karlíně, kde vznikne fotografický cyklus *Z Invalidovny* (1922-27). V poválečných letech často navštěvuje rodný Kolín: zde se sbližuje s Jaromírem Funkem, odtud chodívá fotografovat krajinu Polabí.

1919   Poválečná Československá republika mu 28. února přiznává 100% neschopnost k výkonu povolání a invalidní penzi. Zástupce ředitele Zemského úřadu pro válečné poškozence Václav Nedoma se mu stane patronem. Uvádí Sudka do Českého klubu fotografů amatérů v Praze, kde Sudek získává přístup do laboratoře a stipendium (1920-22).

1920   Odmítá nabídku úřednického zaměstnání, aby dal přednost nejistým vyhlídkám na uměleckou dráhu. K profesionálnímu provozu fotografického ateliéru mu chybí výuční list coby předpoklad k získání živnostenského oprávnění.

1921   10. února vystupuje z katolické církve, neztrácí však víru v Boha. Při členské výstavě v Českém klubu fotografů amatérů na Národní třídě obdrží první cenu v kategorii krajin. Prostřednictvím Čechoameričana Drahomíra Josefa Růžičky se nechá ovlivnit zaoceánskou praxí puristického piktorialismu. Sudkovými tématy 20. let jsou portréty, žánry, pražská architektura a světelné nálady krajiny. Z Nedomova podnětu se hlásí na Státní odbornou školu grafickou ke studiu fotografie, vedenému Karlem Novákem; přijat bude o rok později.

1922   26. června je v důsledku generačních sporů vyloučen z Českého klubu fotografů amatérů a 3. července spoluzakládá své další útočiště - Fotoklub Praha.

1923   Cestuje do Belgie na sjezd válečných veteránů v Gentu; navštíví Paříž.

1924   Obesílá světové fotosalóny. 27. června absolvuje Státní odbornou školu grafickou. Invalidita je mu snížena na 80%. V létě zahajuje fotografování dostavby chrámu svatého Víta na Pražském hradě: „Tam to začalo, tam jsem zažil zjevení." 9. července je vyloučen z českého amatérského hnutí. Spolu se dvěma z dalších vyloučených - Jaromírem Funkem a Adolfem Schneebergerem - připravuje založení České fotografické společnosti, k němuž dojde 4. prosince.

1926   Začíná spolupracovat s tehdy expandujícím nakladatelstvím Družstevní práce, pro něž s designérem Ladislavem Sutnarem vytváří propagační snímky ve funkcionálním duchu. Účastní se I. členské výstavy České fotografické společnosti. Na dva měsíce odcestuje přes Rakousko do Slovinska a Itálie, kde navštíví místo svého válečného zranění.

1927   1. června uzavírá smlouvu na pronájem zahradního ateliéru ve dvoře domu č. p. 432 na malostranském Újezdě. Seznamuje se s malířem Františkem Tichým, kterého bude finančně podporovat - stejně jako další umělce.

1928   30. ledna je přijat za člena Společenstva fotografů Obchodní a živnostenské komory pražské. Zakládá svou firmu. Začíná získávat zakázky, stále více publikuje v časopisech a získává pozici vyhledávaného odborníka na reklamu, portrét, architekturu a fotografování obrazů a plastik. Souběžně se stává sběratelem výtvarného umění. V letech 1930-45 narůstá jeho kolekce na více než tisíc obrazů, kreseb, soch a grafik se zvláštním důrazem na díla malíře Františka Tichého, Jana Bendy a Andreje Bělocvětova.
V Družstevní práci, jež ho přijímá za člena 6. července, mu z podnětu malíře a grafika Emanuela Frinty vychází k 10. výročí existence republiky bibliofilské portfolio patnácti originálních fotografií *Svatý Vít* s textem katolického spisovatele Jaroslava Durycha.

1929   Vydává tiskem první vlastivědné album. Účastní se II. členské výstavy České fotografické společnosti.

1930-31 Alexandrem Hackenschmiedem je přizván k výstavě *Nová fotografie*, prvnímu kolektivnímu vystoupení fotografické avantgardy v Praze; účastní se i další přehlídky, organizované následujícího roku rovněž v Aventinské mansardě pod pravděpodobným, leč nikoli pozvánkou doloženým názvem *Vystava moderní fotografie*. S jeho fotografiemi vychází kalendář nakladatelství Orbis pro rok 1931.

1932   Koná se první samostatná výstava 64 Sudkových děl v pražské Krásné jizbě, prodejní galerii Družstevní práce. Vedení družstva objednává 26 mistrovských fotografií dle autorovy volby pro kalendář na příští rok. 1. listopadu je přijat za člena spolku Umělecká beseda.

1933   Účastní se *Výstavy sociální fotografie*, organizované v rámci Film-foto skupiny Levé fronty Lubomírem Linhartem.

1936	Organizací i exponáty se podílí na *Mezinárodní výstavě fotografie* v pražské galerii Spolku výtvarných umělců Mánes, který v ohlasu na tuto akci založí fotosekci, jejímž členem je i Sudek. Sbližuje se s dalším okruhem výtvarníků.
1938	Výstava šesti členů fotosekce Mánesa čítá 86 Sudkových prací z let 1918-37.
1939	Je zahrnut v důležité bilanční přehlídce *Sto let české fotografie* v Uměleckoprůmyslovém museu v Praze. Za války poskytuje učňovský azyl medikovi Jaroslavu Kyselovi a později výtvarníkům Vladimíru Fukovi a Václavu Sivkovi. Od listopadu 1945 je na rok vystřídá Sonja Bullaty. Za okupace zavedená pravidelná úterní setkání přátel v Sudkově ateliéru při poslechu hudby z gramofonových desek se udrží až do jara 1972.
1940	Obrat od moderní zakázkové fotografie k vlastním tématům a subjektivní interpretaci námětů doprovází napříště již trvale užívaná technologie kontaktních průmětů různě velkých negativů v pozitiv: začíná práce s velkoformátovými kamerami (až 30 x 40 cm). Své zralé dílo Sudek otevírá klíčovým cyklem *Okno mého ateliéru* (1940-54), doplňovaným i později. Z něj odvodí intimní zátiší, která se odpoutají v samostatná, někdy bizarní aranžmá. Rovněž procházky pražskými zahradami a parky dostávají nový, snově působící fotografický výraz.
1941	18. ledna nabízí nakladatelství Sfinx-Janda sto fotografií pro vydání alba *Pražský hrad*, jež bude z politických důvodů možno realizovat až na podzim 1945 (po dvou letech se dočká anglické a české reedice). Je pozván k členství v jury určující výstavní program Topičova salonu.
1943	Podílí se na portfoliu *Moderní česká fotografie* s úvodem Karla Teiga a na *Pražských zahradách* nakladatele Václava Poláčka.
1944	27. května vyzývá fotografa Emanuela Poche ke spolupráci na knize o Karlově mostě.
1945	22. března umírá Jaromír Funke. Do konce 40. let Sudek postupně vydává v samostatných i kolektivních albech mnohé z nashromážděných i aktuálních fotografií s pražskými motivy. K fotografické práci se připojuje Jiří Toman: bude asistovat při vzniku přibližně čtvrtiny záběrů knihy *Praha panoramatická* (1959).
1947	Navzdory dobovým tendencím se Sudek vrací k technice pigmentu, artificiálně ozvláštňující pozitivy. Začíná vytvářet svůj příspěvek do kolektivního knižního projektu *Pražské ateliéry* (1947-53). 18. prosince obnovuje Mánes fotosekci, která se po komunistickém puči v únoru 1948 promění v platformu umožňující legalizaci svobodného povolání.
1948	15. ledna mu stvrzuje členství S. V. U. Mánes; 12. února Obchodní a živnostenská komora v Praze eviduje dvacetiletí existence jeho fotografického podniku. V redakci nakladatelství Svoboda se poprvé setkává s Janem Řezáčem, editorem mnoha svých budoucích knih, kurátorem a propagátorem. Spolupráci zahajují vydáním alba *Praha*; výběr poezie do textové části provedl básník Vítězslav Nezval. Domácí prostředí architekta Otto Rothmayera inspiruje fotografa k rozvíjení cyklu *Procházka po kouzelné zahrádce* (1948-64) a k mnoha záběrům ze souběžného souboru *Vzpomínky*. Vznikají i první *Labyrinty*, pojmenované zpětně až roku 1963 a rozvíjené pak ještě celé desetiletí.
1949	7. ledna je mu uznáno členství ve Svazu československých výtvarných umělců, čímž se Sudek vyhne znárodnění svého ateliéru.

1950	Začíná pracovat na knize *Janáček – Hukvaldy*.
1951	Do nakladatelství Orbis odevzdává fotografie pro album *Chrám svatého Víta*, „ale nevydají ho, že je to kostel," stěžuje si o tři roky později v dopise Sonje Bullaty.
1952	Navštěvuje beskydský prales Mionší u Jablunkova, který dá vzniknout kolekci *Zmizelé sochy* (1952-70) a vůbec nejrozsáhlejšímu sudkovskému vyznání krajině.
1953	Ve věku 84 roků umírá Sudkova matka Johanna; stejně těžce nese Sudek smrt Emila Filly. Po měnové reformě konstatuje, že se dostal pod sociální úroveň, kterou měl při svých podnikatelských začátcích o čtvrt století dříve.
1955	Do březnového čísla Československé fotografie je zařazena studie Jiřího Jeníčka, jíž bere Sudka na vědomí časopis ministerstva kultury. Stává se laureátem ceny Ústředního národního výboru hlavního města Prahy za rok 1954.
1956	26. února si k chystané knize *Praha panoramatická* poznamenal: „Uděláno již 242 jitrnic Prahy, 60 ještě nejméně udělat." K šedesátinám mu vychází hojně recenzovaná první monografie (232 hlubotiskové reprodukce fotografií z let 1915-55, náklad 30 000 výtisků); předmluvu napsal marxista Lubomír Linhart v duchu socialistického realismu.
1957	Začíná šestileté fotografování průmyslově devastovaného Mostecka. Kniha vyjde pod názvem *Smutná krajina* až posmrtně (1999); původně zamýšlený redakční název alba zněl *Severní krajina*. Po dlouhé roky bylo odkládáno i vydání před polovinou 50. let dokončeného *Karlova mostu* (1961) a kolekce o Janáčkových Hukvaldech (1971). Soubory *Chrám svatého Víta* a *České středohoří* se samostatné publikace nedočkaly.
1958	V pražské Alšově síni Umělecké besedy instaluje 82 volných prací z posledních čtyř let; reprízu uspořádá Dům umění města Brna. Vydává 176 fotografií v knize *Lapidarium Národního musea*. Je jmenován členem redakční rady edice Umělecká fotografie Státního nakladatelství krásné literatury, hudby a umění, založené šéfredaktorem Janem Řezáčem po úspěchu Sudkovy monografie, jejíž vydání Řezáč inicioval. Otto Rothmayer navrhuje obálku, vazbu i grafickou úpravu 284 reprodukcí *Prahy panoramatické*; ta vyjde v lednu příštího roku opět Řezáčovým přičiněním, doprovozena básní Jaroslava Seiferta.
1959	20. dubna získává byt na hradčanském Úvoze č. p. 160; jeho sestra zůstává v ateliéru, kde má Sudek stále svou laboratoř.
1960	Václav Sivko pořádá v pražské galerii Fronta výstavu *Josef Sudek ve výtvarném umění*; shromáždil na ní 114 podobizen od 22 autorů.
1961	18. března obdržel od československé vlády u příležitosti svých pětašedesátin za své celoživotní dílo jako první fotograf titul zasloužilý umělec. Státní nakladatelství krásné literatury, hudby a umění mu vydalo album *Karlův most*.
1963	Imaginativní linii své tvorby představuje v pražské galerii Československého spisovatele v kurátorství Jana Řezáče. Adjustací, vytvořenou Otto Rothmayerem, je zdůrazněna artificiálnost jeho prací. Výstava narazí na nepochopení většinového publika.
1964	V nakladatelství Artia vychází vynikající exportní monografie *Sudek* s předmluvou Jana Řezáče a 96 reprodukcemi volné tvorby; tato kniha zakládá umělcův mezinárodní věhlas.
1966	Únorové číslo Československé fotografie obsahuje rozsáhlé laudatio k Sudkovým sedmdesátinám. Vláda mu propůjčuje Řád práce; 31. října se stává laureátem Ceny za užité umění a průmyslové výtvarnictví Svazu československých výtvarných umělců.

1967	Je vyzván Annou Fárovou k účasti na závažné aktuální konfrontační přehlídce 7 + 7 v Galerii Václava Špály. Začíná americký ohlas jeho díla: Michael McLoughlin z univerzity v Nebrasce mu na květen příštího roku nabízí účast v komparaci *Five Photographers*; přicházejí další vyzvaní: obrací se na něj Eikoh Hosoe z Tokia, Bill Brandt z Londýna, Ray K. Metzker z Philadelphie a John Wood z New Yorku.
1970	Udělením titulu Excelence Fédération Internationale de ľArt Photographique se k němu hlásí amatérské hnutí, jež ho od začátku 20. let systematicky vylučovalo ze svých řad.
1971	17. března pořádá Sonja Bullaty Sudkovu výstavu pro zvané návštěvníky v Bullaty-Lomeo Studio v New Yorku.
1972	17. března zpřístupňuje Marjorie Neikrug ve své newyorské galerii první samostatnou veřejnou Sudkovu výstavu ve Spojených státech.
1974	Sudkova tvorba se zvolna uzavírá, fotograf bilancuje své životní dílo a ze starších negativů pořizuje nové kontakty.
1976	V březnu publikuje Anna Fárová v Československé fotografii medailon *Z tvůrčí dílny Josefa Sudka osmdesátiletého* a v dubnu vychází monografické číslo měsíčníku *Camera* s interview a texty Anny Fárové a šéfredaktora Allana Portera (jenž se Sudkem spolupracuje již desátým rokem). Fotograf pořádá tři souborné výstavy ke svým osmdesátinám: v hlavním městě s Annou Fárovou, v Brně s Antonínem Dufkem a pro Ministerstvo kultury vývozní, již zahájí 11. září v Cáchách Petr Tausk. 15. září Josef Sudek v Praze umírá. Nekrolog napsal budoucí nositel Nobelovy ceny za literaturu Jaroslav Seifert. 23. září byl pohřeb žehem ve strašnickém krematoriu; urna je uložena v rodinné hrobce v Kolíně. Pozůstalost, kterou zpracovala Anna Fárová v letech 1976-85, čítá 21 660 pozitivů, 54 519 negativů a 618 výtvarných děl (obrazy, kresby, sochy, grafiky); předala ji postupně veřejným institucím: Národní galerii, Uměleckoprůmyslovému muzeu a Ústavu pro teorii a dějiny umění Akademie věd v Praze, Moravské galerii v Brně, Oblastní galerii výtvarného umění v Roudnici nad Labem, Regionálnímu muzeu v Kolíně a Bibliothèque Nationale v Paříži. Jako vykonavatelka poslední vůle se řídila přáním Josefa Sudka a Boženy Sudkové.

Hlavním zdrojem této heslovité biografie byl životopis, který uveřejnila Anna Fárová ve velké umělcově monografii, vydané nakladatelstvím Torst roku 1995.

Solo Exhibitions / Samostatné výstavy

1932-34   *Josef Sudek*, Krásná jizba Družstevní práce, Praha; Bratislava, Chrudim, Jindřichův Hradec

1958   *Josef Sudek*, Alšova síň Umělecké besedy, Praha; Fotografický kabinet Domu umění města Brna v Domě pánů z Poděbrad, Brno

1959   *Josef Sudek, Fotografie*, Okresní galerie, Vysoké Mýto

1961   *Josef Sudek*, Slezské muzeum, Opava

1961   *Jaroslav Seifert - Josef Sudek. Básníkova Praha*, Památník národního písemnictví, Praha

1962   *Výstava fotografií Josefa Sudka, zasloužilého umělce*, Kulturní středisko, Pardubice

1963   *Josef Sudek*, Výstavní síň nakladatelství Československý spisovatel, Praha

1963   *Josef Sudek: Mostecká krajina*, Rudý koutek Báňských staveb, Most

1964   *Výstava J. Sudka, zasloužilého umělce - fotografa*, Regionální muzeum, Kolín

1964   *Fotografie, Josef Sudek*, Oblastní galerie, Olomouc

1966   *Josef Sudek*, Severočeské muzeum, Liberec; Kultur- und Informationszentrum der ČSSR, Berlin

1971   *Josef Sudek*, Bullaty-Lomco Studio, New York

1972   *Josef Sudek*, The Neikrug Gallery, New York

1974   *Josef Sudek. A Retrospective Exhibition*, International Museum of Photography, George Eastman House, Rochester, New York

1974   *Josef Sudek*, Light Gallery, New York

1974   *Josef Sudek*, Galleria Il Diaframma, Milano

1974   *Josef Sudek*, The Corcoran Gallery of Art, Washington D. C.

1976   *Josef Sudek. Souborná výstava fotografického díla*, Moravská galerie, Brno

1976   *Fotograf Josef Sudek /k umělcovým osmdesátinám/*, Uměleckoprůmyslové museum, Praha; Oblastní galerie výtvarného umění, Roudnice nad Labem; The Photographer's Gallery, London

1976   *Josef Sudek*, Galerie Lichttropfen, Aachen; Museum Bochum; Kunsthaus Zürich; Künstlerhaus Wien

1976   *Fotografie Josefa Sudka*, Divadlo hudby, Olomouc

1977   *Josef Sudek: Beskydy*, Frenštát pod Radhoštěm

1977   *Josef Sudek Retrospective, 1896-1976*, International Center of Photography, New York; Wien; Graz

1978   *Josef Sudek 1896-1976*, The Photographic Museum of Finland, Helsinki

1978   *Josef Sudek*, Canon Photo Gallery, Genève

1978   *Josef Sudek*, Allan Franklin Gallery, Chicago

1979   *Fotografie Josefa Sudka z jeho pozůstalosti, kterou darovala UPM umělcova sestra Božena Sudková*, Uměleckoprůmyslové museum, Praha

1980   *Josef Sudek*, Udstilling i kunstindusriseet, Copenhagen

1981   *Josef Sudek*, Parakapas Gallery, New York

1981	*Josef Sudek*, Daytona Beach Community College Gallery of Fine Arts, Daytona Beach, Florida
1981	*Josef Sudek / Zahrady*, Uměleckoprůmyslové museum, Praha; Malá výstavní síň okresního kulturního střediska, Liberec
1981	*Josef Sudek*, Stephen White Gallery, Los Angeles
1981	*Josef Sudek*, Galerie Municipale du Château d'Eau
1982	*Josef Sudek, 1896-1976*, Jacques Baruch Gallery, Chicago
1982	*Josef Sudek*, J. S. Prens Fotomuseum, Horten
1982	*Josef Sudek, Cykly fotografií 2: Praha*, Státní zámek Kozel
1983	*Josef Sudek, Cykly fotografií 1: Okno mého ateliéru, Moje zahrádka, Zátiší, Poznámky, Portréty*, Státní zámek Kozel
1984	*Josef Sudek, Cykly fotografií 3: Kouzelná zahrádka, Vzpomínky*, Státní zámek Kozel
1985	*Josef Sudek, Cykly fotografií 4: Krajiny*, Státní zámek Kozel
1985	*Výstava uměleckých fotografií Josefa Sudka*, Státní muzeum výtvarného umění A. S. Puškina, Moskva
1986	*Josef Sudek, Cykly fotografií 5: Kontrasty, Labyrinty*, Státní zámek Kozel
1988	*Josef Sudek: Prague*, Centre Georges Pompidou, Paris
1988	*Josef Sudek*, Jan Kesner Gallery, Los Angeles
1988	*Josef Sudek*, Fotografien, Fotoforum, Frankfurt am Main
1988	*Josef Sudek*, Museum of Modern Art, San Francisco; Art Institute of Chicago
1989	*Josef Sudek - Fotografie*, Dům kultury ROH ve Frenštátě pod Radhoštěm
1989	*Josef Sudek*, Műcsarnok, Budapest
1989-90	*Josef Sudek, sběratel českého moderního umění - dar Boženy Sudkové roudnické galerii*, Oblastní galerie výtvarného umění, Roudnice nad Labem; Galerie výtvarného umění, Most; Východočeská galerie, Pardubice
1990-91	*Josef Sudek, Poet of Prague, Photographs 1921-1976*, Burden Gallery Aperture Foundation, New York; Philadelphia Museum of Art, Philadelphia
1993	*Josef Sudek Panoramiques*, Musée des Beaux-Arts, Nantes
1993-94	*Josef Sudek, Photographs*, Museum of Fine Arts, Houston
1994-95	*Josef Sudek: Les tirages pigmentaires 1947-1954, XXVème Rencontres internationales de la Photographie*, Arles; Museum of Art New Orleans; WATARI-UM Museum of Contemporary Art, Tokyo
1995	*Josef Sudek: Rétrospective*, Musée de l'Elysée, Lausanne
1995	*Josef Sudek: Severní krajina (1957-1962), Fotografie ze sbírky Moravské galerie*, Moravská galerie, Brno
1995	*Josef Sudek doma*, Galerie Josefa Sudka Uměleckoprůmyslového musea, Praha
1995	*Ke knize Josef Sudek (Anna Fárová - TORST 1995)*, Galerie Václava Špály, Praha
1996	*Růže pro Josefa Sudka 1896-1976*, Letohrádek královny Anny Pražského hradu, Praha
1996	*Josef Sudek. Sedmá strana kostky*, Galerie U bílého jednorožce, Klatovy
1996	*Tichý heretik Josef Sudek. Fotografie ze sbírky Moravské galerie*, Moravská galerie, Brno
1996	*Josef Sudek: Cyklus svatý Vít*, Galerie Josefa Sudka Uměleckoprůmyslového musea, Praha

1996   *Josef Sudek: Fotografie s rastry*, Galerie Josefa Sudka Uměleckoprůmyslového musea, Praha

1997   *Josef Sudek, Nordböhmen. Tote Landschaft*, Tschechisches Zentrum, Berlin

1998   *Josef Sudek [1896-1976]. An Overview. Sixty Pigment Prints from the Artist's Estate*, Salander - O'Reilly Galleries, New York

1998   *Sivko / Sudek*, Galerie Ztichlá klika, Praha

1998   *Josef Sudek, Nordböhmen. Fotografien von 1940-1970 aus der Mährischen Galerie*, Vereinten Versicherungen, München

1998   *Josef Sudek: Das stille Leben der Dinge. Fotografien aus dem Besitz der Moravská galerie, Brünn*, Kunstmuseum, Wolfsburg

1998   *Une rose pour Josef Sudek [1896-1976]*, Palais des Beaux-Arts, Charleroi

1998-99 *El silencio de las cosas. Josef Sudek. Fotografías de los anos 1940-1970 de la colección de la Moravská galerie de Brno*, Fundación "la Caixa", Barcelona; Sala de Exposiciones de la Universidad de Salamanca; Sala San Esteban, Murcia

1999   *Josef Sudek. Nordbohmen*, Galleri Image, Arhus

1999   *Josef Sudek*, Finlands fotografiska museum, Helsinki

1999   *Josef Sudek*, Musée Verlaine, Juniville dans les Ardennes

1999   *Josef Sudek, Otto Rothmayer*, Galerie Josefa Sudka Uměleckoprůmyslového musea, Praha

2000   *Josef Sudek*, Atelier Josefa Sudka, Praha

2001   *Josef Sudek. Fotografie 1940-70. Z fotografické sbírky Moravské galerie*, Moravská galerie, Brno

2001   *Romantik Josef Sudek*, Galerie Josefa Sudka Uměleckoprůmyslového musea, Praha

2001   *Josef Sudek*, Atelier Josefa Sudka, Praha

2002   *Svět tance Jiřího Jašky a Josefa Sudka*, Dům umění, Ostrava; Muzeum Prostějovska, Prostějov.

2002   *Prague panoramique*, Maison Européenne de la Photographie, Paris

Selected Group Exhibitions / Účast ve skupinových výstavách

1921   *Český klub fotografů amatérů v Praze, XII. členská výstava*, Národní 23, Praha

1923   *Druhá výstava ČKFA v Českých Budějovicích*, Městské muzeum, České Budějovice

1923-24   *I. výstava Svazu čs. klubů fotografů amatérů v Praze*, Krasoumná jednota pro Čechy, Praha

1926   *Česká fotografická společnost, 1. členská výstava*, Jungmannova 19, Praha

1929   *Česká fotografická společnost, 2. členská výstava*, Ústřední knihovna hlavního města Prahy

1930   *Nová fotografie*, Aventinská mansarda, Praha

1931   *Výstava moderní fotografie*, Aventinská mansarda, Praha

1933   *Výstava sociální fotografie*, Palác Metro, Praha

1936   *Mezinárodní výstava fotografie*, Mánes, Praha

1938   *Fotografie*, Mánes, Praha

1947   *Das moderne Lichtbild in der Čechoslovakei*, Wien.

1960   *Josef Sudek ve výtvarném umění*, Výstavní síň Fronta, Praha

1961   *Komunistická fotografická avantgarda a sociální fotografie*, Dům pánů z Kunštátu, Brno

1961   *Fotografie Josefa Sudka a kresby Václava Sivka*, ZDŠ Horní, Frenštát pod Radhoštěm

1964   *VI. Beskydský salon*, Frenštát pod Radhoštěm

1967   *7 + 7*, Galerie Václava Špály, Praha

1967   *Československá fotografie mezi dvěma světovými válkami*, Obecní dům, Praha

1968   *Five Photographers. An international invitational exhibition*, University of Nebraska, Sheldon Memorial Art Gallery, Lincoln, Nebraska

1971   *Československá fotografie 1968-70 ze sbírek Moravské galerie v Brně*, Moravská galerie, Brno

1973-74   *Osobnosti české fotografie I / ze sbírek Uměleckoprůmyslového musea v Praze*, Oblastní galerie výtvarného umění, Roudnice nad Labem; Uměleckoprůmyslové museum, Praha; Dům umění města Brna, Brno

1977   *Documenta 6*, Museum Fridericianum, Kassel

1977   *Concerning Photography*, The Photographer's Gallery, London; Spectro Workshop, Newcastle upon Tyne

1977   *Panoramic Photography*, Grey Art Gallery and Study Center, New York University, New York

1978   *Josef Sudek a výtvarné dílo - dar Boženy Sudkové Národní galerii*, Národní galerie, Praha

1978   *Tusen och En Bild / 1001 Pictures*, Moderna Museet, Stockholm

1979   *Photographie als Kunst 1879-1979*, Tiroler Landesmuseum Ferdinandeum, Innsbruck; Neue Galerie am Wolfgang Gurlitt Museum, Linz; Neue Galerie am Landesmuseum Joanneum, Graz; Museum des 20. Jahrhunderts, Wien

1981   *Česká fotografie 1918-1938*, Moravská galerie, Brno

1982   *The Contact Print*, Friends of Photography, Carmel, California

1983   *Saudek / Sudek. Images From Czechoslovakia*, The University of Iowa Museum of Art, Iowa City

1983   *Fotografie Josefa Sudka a Jana Svobody. Komparace I*, Oblastní galerie výtvarného umění, Roudnice nad Labem

1983	*Photographes tchèques 1920-1950*, Musée National d'Art Moderne, Centre Georges Pompidou, Paris
1984	*Tschechische Fotografie 1918-1938*, Museum Folkwang, Essen; Österreichisches Fotoarchiv im Museum moderner Kunst, Wien
1985	*Ursprung und Gegenwart tschechoslowakischer Fotografie*, Fotoforum, Frankfurt am Main
1986	*Josef Sudek / Jaromír Funke / Adolf Schneeberger, Photographs From Czechoslovakia 1919-1970's*, Jacques Baruch Gallery, Chicago
1986-87	*Jaromír Funke a Josef Sudek - výstava k nedožitým devadesátinám*, Staroměstská radnice, Praha; Státní zámek Kozel
1988-89	*Linie / barva / tvar v českém výtvarném umění třicátých let*, Galerie hl. m. Prahy, Praha; Východočeská galerie, Pardubice; Alšova Jihočeská galerie, Hluboká nad Vltavou
1988-89	*Josef Sudek / Albín Brunovský*, University of Pittsburgh Gallery, Pittsburgh; Cleveland Museum of Art, Cleveland
1989	*Transformations in the Czech Documentary Photography 1839-1989 / Proměny české dokumentární fotografie (1839-1989)*, Galerie 4, Cheb
1989-90	*Czech Modernism: 1900-1945*, The Museum of Fine Arts, Houston; International Center of Photography, New York; Akron Museum
1990-91	*Photographie Progressive en Tchécoslovaquie 1920-1990*, Galerie Robert Doisneau, Vandoeuvre-les-Nancy; Lorient; Saint Nazaire; Krefeld; Städtisches Museum Mülheim a/d Ruhr; L'Aubette, Strasbourg; Mulhouse; Rennes
1993	*El arte de la Vanguardia en Checoslovaquia*, IVAM Centre Julio Gonzales, Valencia
1994	*Europa, Europa. Das Jahrhundert der Avantgarde in Mittel- und Osteuropa*, Kunst- und Ausstellunsghalle der Bundesrepublik Deutschland, Bonn
1993	*Umění pro všechny smysly. Meziválečná avantgarda v Československu*, Národní galerie, Praha
1994	Presentation House Cultural Society, Vancouver
1998-99	*Modern Beauty. Czech Photographic Avant-garde 1918-1948*, Museu Nacional d'Art de Catalunya, Barcelona; l'Hotel de Sully, Paris; Musée de l'Elysée, Lausanne; Galerie hl. m. Prahy, Praha; Die Neue Sammlung - Staatliches Museum für angewandte Kunst, München
2000	*Tschechische Avantgarde Fotografie der zwanziger und dreisiger Jahre aus der Sammlung des Kunstgewerbemuseums in Prag*, Tschechisches Zentrum, Berlin
2000	*Csek Avantgárd Fotográfia 1918-1939*, Magyar Fotográfusok Háza, Budapest
2000	*The Nude in Czech Photography / Akt v české fotografii*, Císařská konírna Pražského hradu, Praha; Muzeum umění, Olomouc
2000-01	*Laterna Magica. Einblicke in eine tschechische Fotografie der Zwischenkriegszeit*, Rupertinum, Salzburg; Abteiberg, Mönchengladbach

Bibliography / Literatura

Portfolios / Portfolia

Sudek, Josef: *Praha. 10 náladových fotografií*, Praha, Ústřední státní ústav grafický 1922-24.

Sudek, Josef: *Svatý Vít*, Praha, Družstevní práce 1928.

Sudek, Josef: *Praze 1939*, Praha, F. J. Müller 1939.

Ehm, Josef & Funke, Jaromír & Hák, Miroslav & Plicka, Karel & Sudek, Josef: *Moderní česká fotografie. Album deseti původních snímků*, Praha, Národní práce 1943.

Josef Sudek, Praha, Orbis 1962.

Sudek, Josef: *Mostecko - Humboldtka*, Most, Dialog 1969.

Josef Sudek, Praha, Pressfoto 1976.

Josef Sudek, Praha, Panorama 1980.

Josef Sudek. 10 Photographs 1940-1972, Cologne, Galerie Rudolf Kicken 1982.

Josef Sudek 1896-1976, Praha, Anna Fárová 1996.

Books / Knihy

Sudek, Josef & Merhout, Cyril: *Československo. Přírodní, umělecké a historické památky. Díl I. Praha*, Praha, Melantrich 1929.

Novák, Arne: *Praha barokní*, Praha, František Borový 1938.

Wirth, Zdeněk: *Pražské zahrady*, Praha, Pražské nakladatelství V. Poláčka 1943.

Blažíček, O. J. & Čeřovský, J. & Poche, E.: *Klášter v Břevnově*, Praha, Pražské nakladatelství V. Poláčka 1944.

Rouček, Rudolf: *Pražský hrad. Vytvarné dílo staletí v obrazech Josefa Sudka*, Praha, Sfinx-Janda 1945; 1947.

Wirth, Zdeněk: *Pražský kalendář 1946. Kulturní ztráty Prahy 1939-1945. Fotografoval Josef Sudek*, Praha, Pražské nakladatelství V. Poláčka 1945.

Kubíček, Alois: *Pražské paláce*, Praha, Pražské nakladatelství V. Poláčka 1946.

Kubíček, Alois: *Memorials of Art*, Praha, Pražské nakladatelství V. Poláčka 1946.

Sudek, Josef: *Magic in Stone*, London, Lincolns-Prager Publishers 1947.

Novák, Arne: *Praha barokní*, Praha, František Borový 1947.

Wenig, Adolf & Sudek, Josef: *Náš Hrad*, Praha, J. R. Vilímek 1948.

Sudek, Josef: *Praha*, Praha, Svoboda 1948.

Toulky hudební Prahou, Praha, Orbis 1949.

Sudek, Josef: *Fotografie*, Praha, SNKLHU 1956.

Denkstein, Vladimír & Drobná, Zoroslava & Kybalová, Jana: *Lapidarium Národního musea*, Praha, SNKLHU 1958.

Masaryková, Anna: *Josef Mařatka*, Praha, SNKLHU 1958.

Sudek, Josef: *Praha panoramatická*, Praha, SNKLHU 1959.

Kolektiv: *Pražské ateliéry*, Praha, Nakladatelství československých výtvarných umělců 1961.

Sudek, Josef & Poche, Emanuel: *Karlův most ve fotografii*, Praha, SNKLHU 1961.

Strnadel, Antonín: *Vyhnal jsem ovečky až na Javorníček*, Praha, Státní pedagogické nakladatelství 1963.

Řezáč, Jan: *Sudek*, Praha, Artia 1964.

Berka, Čestmír: *Emil Filla. Krajina Českého středohoří*, Praha, SNKLU 1964.

Durbaba, Oldřich & Budík, Jan: *Hudební výchova*, Praha, Státní pedagogické nakladatelství 1966.

Bartovský, Václav & Vaníček, Bedřich: *Sedm úvah*, Praha, Odeon 1967.

Sudek, Josef: *Janáček - Hukvaldy*, Praha, Supraphon 1971.

Great Photographers, Time-Life Books 1971.

Fárová, Anna: *Současná fotografie v Československu*, Praha, Obelisk 1972.

Bullaty, Sonja & Fárová, Anna: *Sudek*, New York, Clarkson N. Potter 1978; 1986.

Nezval, Vítězslav: *Pražský chodec. Fotografoval Josef Sudek*, Praha, Československý spisovatel 1981.

Kirschner, Zdeněk: *Josef Sudek*, Praha, Panorama 1982; 1986.

Mrázková, Daniela & Remeš, Vladimír: *Josef Sudek*, Leipzig, Fotokinoverlag 1982.

Fárová, Anna: *Josef Sudek*, Milano, Gruppo Editoriale Fabbri 1983.

Mrázková, Daniela & Remeš, Vladimír: *Tschechoslowakische Fotografen 1900-1940*, Leipzig, VEB Fotokinoverlag 1983.

Nezval, Vítězslav: *Der Prager Spaziergänger*, Berlin, Verlag Volk und Welt 1984.

Porter, Allan: *Josef Sudek*, Zürich, U. Bär Verlag 1985.

Auer, Michèle & Michel: *Encyclopédie internationale des photographes 1839-1984*, Hermance, Editions Camera Obscura 1985.

Mrázková, Daniela: *Příběh fotografie*, Praha, Mladá fronta 1985.

Fárová, Anna: *Josef Sudek, Poet of Prague: A Photographer's Life*, New York, Aperture 1990. Paralelně: Nathan (Francie), Murray (Velká Británie), Motta (Itálie).

Fárová, Anna: *Josef Sudek*, Paris, Centre National de la Photographie 1990.

Sudek, Josef: *Praha panoramatická*. Praha, Odeon 1992.

Kirschner, Zdeněk: *Josef Sudek*, New York, Takajima Books 1993.

Balajka, Petr (Ed.): *Encyklopedie českých a slovenských fotografů*, Praha, ASCO 1993.

Fárová, Anna: *Josef Sudek. Les tirages pigmentaires 1947-1954*, Los Angeles, Cinubia Production 1994.

Řezáč, Jan: *Josef Sudek. Slovník místo pamětí*, Praha, Artfoto 1994.

Fárová, Anna: *Josef Sudek*, Praha, Torst 1995.

Horová, Anděla (Ed.): *Nová Encyklopedie českého výtvarného umění*, Praha, Academia 1995.

Evans, Martin Marix (Ed.): *Contemporary Photographers*, Detroit & London, St. James Press 1995.

Boček, Jaroslav: *Josef Sudek*, Břeclav, Moraviapress a. s. 1996.

Pražáková, Anna Marie: *O Sudkovi*, Praha, Michal Jůza & Eva Jůzová 1996.

Kolektiv: *Dějiny českého výtvarného umění 1890/1938*, Academia, Praha 1998.

Frizot, Michel: *Neue Geschichte der Fotografie*, Könemann, Köln 1998.

Sudek, Josef: *Smutná krajina*, Litoměřice, Galerie výtvarného umění 1999.

Birgus, Vladimír (Ed.), *Česká fotografická avantgarda 1918-1948*, Kant, Praha 1999.

Birgus, Vladimír (Ed.), *Tschechische Avantgarde-Fotografie 1918-1948*, Arnoldsche, Stuttgart 1999.

Bancroft, Frederic: *Josef Sudek [1896-1976]. Into Modernism: Photographs from the 20s and 30s.* New York, Salander-O'Reilly Galleries, LLC 1999.

Anděl, Jaroslav: *Josef Sudek o sobě*, Praha, Torst 2001.

Jeffrey, Ian: *Josef Sudek*, New York, Phaidon Press 2001.

Birgus, Vladimír (Ed.), *The Czech Photographic Avant-Garde 1918-1948*, Cambridge & London, The MIT Press 2002.

Films / Filmy

Josef Sudek, režie Přemysl Prokop, 1960 (?).

Josefu Sudkovi, režie František Kácha, 1961(?).

Žít svůj život, režie Ewald Schorm, 1963.

Fotograf a muzika, režie Eva Marie Bergerová, 1975.

Černobílý svět Josefa Sudka, režie Jan Boněk, 1981.

A hudba hraje, režie Josef Harvan, 1988.

Exhibition Catalogues / Katalogy výstav

Škarda, Augustin (Ed.): *Český klub fotografů amatérů v Praze. Katalog XII. členské výstavy uměleckých fotografií*, Praha, ČKFA v Praze 1921.

Burger, V.: *Druhá výstava ČKFA v Českých Budějovicích*, České Budějovice, ČKFA v Českých Budějovicích 1923.

Fanderlík, Vladimír: *I. výstava Svazu čs. klubů fotografů amatérů v Praze*, Praha, SČKFA 1923.

Schneeberger, Adolf: *Česká fotografická společnost, 1. členská výstava*, Praha, ČFS 1926.

Funke, Jaromír: *2. členská výstava České fotografické společnosti*, Praha, ČFS 1929.

Linhart, Lubomír: *Výstava sociální fotografie*, Praha, Film-foto skupina Levé fronty 1933.

Linhart, Lubomír: *Mezinárodní výstava fotografie*, Praha, S. V. U. Mánes 1936.

Linhart, Lubomír: *Fotografie*, Praha, S. V. U. Mánes 1938.

Teige, Karel: *Das moderne Lichtbild in der Čechoslovakei*, Praha, Orbis 1947.

Řezáč, Jan: *Josef Sudek*, Praha 1958.

Řezáč, Jan: *Josef Sudek*, Brno, Dům umění města Brna 1959.

Ruška, Jan: *Josef Sudek*, Fotografie, Vysoké Mýto, Okresní galerie 1959.

Sivko, Václav: *Josef Sudek ve výtvarném umění*, Praha, Výstavní síň Fronta 1960.

Skopec, Rudolf: *Josef Sudek*, Opava, Slezské muzeum 1961.

Kalivoda, František: *Komunistická fotografická avantgarda a sociální fotografie*, Dům pánů z Kunštátu, Brno 1961.

Kotalík, Jiří: *Fotografie Josefa Sudka a kresby Václava Sivka*, Frenštát pod Radhoštěm, Osvětová beseda 1961.

Toman, Jiří: *Výstava fotografií Josefa Sudka, zasloužilého umělce*, Pardubice, Kulturní středisko 1962.

Řezáč, Jan: *Josef Sudek*, Praha, Výstavní síň nakladatelství Československý spisovatel 1963.

Kozel, Dalibor: *Josef Sudek, Mostecká krajina*, Most, Báňské stavby 1963.

Řezáč, Jan: *Výstava J. Sudka, zasloužilého umělce – fotografa*, Kolín, Regionální muzeum 1964.

Lakosil, J.: *Josef Sudek*, Olomouc, Oblastní galerie 1964.

Dvořák, Karel: *Josef Sudek*, Liberec, Severočeské muzeum 1966.

Fárová, Anna: 7 + 7, Praha, SČSVU 1967.

Skopec, Rudolf: *Československá fotografie mezi dvěma světovými válkami*, Galerie hlavního města Prahy, Praha 1967.

Dufek, Antonín: *Československá fotografie 1968-70 ze sbírek Moravské galerie v Brně*, Brno, Moravská galerie 1971.

Fárová, Anna: *Osobnosti české fotografie I*, Roudnice nad Labem, Oblastní galerie výtvarného umění 1973.

Fárová, Anna: *Osobnosti české fotografie I*, Praha, Uměleckoprůmyslové museum 1974.

Fárová, Anna: *Fotograf Josef Sudek*, Praha, Uměleckoprůmyslové museum 1976.

Dufek, Antonín: *Josef Sudek. Souborná výstava fotografického díla*, Brno, Moravská galerie 1976.

Lippert, Werner & Tausk, Petr: *Josef Sudek*, Aachen, Neue Galerie - Samlung Ludwig 1976.

Honnet, Klaus & Weiss, Evelyn: *Documenta 6*, Kassel, Museum Fridericianum 1977.

Bayer, Jonathan (Ed.): *Concerning Photography*, London, The Photographer's Gallery 1977.

Edkins, Diana: *Panoramic Photography*, New York, Grey Art Gallery and Study Center, New York University 1977.

Tausk, Petr: *Josef Sudek 1896-1976*, Helsinki, The Photographic Museum of Finland 1978.

Formánek, Václav: *Josef Sudek a výtvarné dílo*, Praha, Národní galerie 1978.

Weiermair, Peter: *Photographie als Kunst 1879-1979 / Kunst als Photographie 1949-1979*, Innsbruck, Allerheiligenpress 1979.

Kirschner, Zdeněk: *Fotografie z pozůstalosti Josefa Sudka*, Praha, Uměleckoprůmyslové museum 1979.

Tausk, Petr: *Josef Sudek*, Copenhagen, Udstilling i kunstindusrimuseet 1980.

Dufek, Antonín & Anděl, Jaroslav & Šmejkal, František: *Česká fotografie 1918-1938*, Moravská galerie, Brno 1981.

Kirschner, Zdeněk: *Josef Sudek / Zahrady*, Praha & Liberec, Uměleckoprůmyslové museum & Okresní kulturní středisko 1981.

Dieuzaide, J.: *Josef Sudek*, Toulouse, Galerie municipale du Château d'Eau 1981.

Kirschner, Zdeněk: *Josef Sudek, Cykly fotografií 2: Praha*, Praha, Uměleckoprůmyslové museum 1982.

Dufek, Antonín & Kirschner, Zdeněk & Klaricová, Kateřina & Sayag, Alain: *Photographes tchèques 1920-1950*, Paris, Centre Georges Pompidou, Musée National d'Art Moderne 1983.

Kirschner, Zdeněk: *Fotografie Josefa Sudka a Jana Svobody. Komparace I*, Roudnice nad Labem, Oblastní galerie výtvarného umění 1983.

Moser, J. & Kaufmann, J.: *Saudek / Sudek. Images from Czechoslovakia*, Iowa City, The University of Iowa Museum of Art 1983.

Kirschner, Zdeněk: *Josef Sudek, Cykly fotografií 1: Okno mého ateliéru, Moje zahrádka, Zátiší, Poznámky, Portréty*, Praha, Uměleckoprůmyslové museum 1983.

Kirschner, Zdeněk: *Josef Sudek, Cykly fotografií 3: Kouzelná zahrádka, Vzpomínky*, Praha, Uměleckoprůmyslové museum 1984.

Dufek, Antonín & Eskildsen, Ute: *Tschechische Fotografie 1918-1938*, Essen, Museum Folkwang 1984.

Dufek, Antonín & Czartoryska, Urszula: *Czeska fotografia 1918-1938*, Lódž, Museum Sztuki 1985.

Kirschner, Zdeněk: *Josef Sudek, Cykly fotografií 4: Krajiny*, Praha, Uměleckoprůmyslové museum 1985.

Kirschner, Zdeněk: *Josef Sudek, Cykly fotografií 5: Kontrasty, Labyrinty*, Praha, Uměleckoprůmyslové museum 1986.

Fárová, Anna: *Ursprung und Gegenwart tschechoslowakischer Fotografie*, Frankfurt am Main, Album 3/1985.

Kirschner, Zdeněk: *Jaromír Funke a Josef Sudek - výstava k nedožitým devadesátinám*, Praha, Galerie hlavního města Prahy ve spolupráci s Uměleckoprůmyslovým museem 1986.

Rousová, Hana & Dufek, Antonín (Ed.): *Linie / barva / tvar v českém výtvarném umění třicátých let*, Praha, Galerie hlavního města Prahy 1988.

Vojtek, Eduard: *Josef Sudek, Fotografie*, Nový Jičín, OVM 1989.

Hlaváčková, Miroslava: *Josef Sudek, sběratel českého moderního umění; dar Boženy Sudkové*, Roudnice nad Labem, Oblastní galerie výtvarného umění 1989.

Dufek, Antonín: *Josef Sudek*, Budapest, Mücsarnok 1989.

Anděl, Jaroslav & Tucker, Anne W. (Eds.): *Czech Modernism: 1900-1945*, Houston, The Houston Museum of Fine Arts - Bulfinch Press (USA) 1989; Little, Brown & Company (Canada) 1989.

Primus, Zdenek & Philippot, Claude: *Photographie Progressive en Tchécoslovaquie 1920-1990*, Vandoeuvre-les-Nancy, Centre Culturel André Malraux 1990.

Anděl, Jaroslav (Ed.): *El arte de la Vanguardia en Checoslovaquia*, Valencia, IVAM Centre Julio Gonzales 1993.

Anděl, Jaroslav (Ed.): *Umění pro všechny smysly. Meziválečná avantgarda v Československu*, Praha, Národní galerie 1993.

Europa, Europa. Das Jahrhundert der Avantgarde in Mittel- und Osteuropa, Bonn, Kunst- und Ausstellunsghalle der Bundesrepublik Deutschland 1994.

Kirschner, Zdeněk & Mlčoch, Jan: *Josef Sudek doma*, Praha, Uměleckoprůmyslové museum 1995.

Řezáč, Jan & Mlčoch, Jan (Ed.): *Růže pro Josefa Sudka 1896-1976*, Praha, Správa Pražského hradu ve spolupráci s Uměleckoprůmyslovým museem 1996.

Fárová, Anna: *Josef Sudek. Sedmá strana kostky*, Klatovy, Galerie Klatovy - Klenová 1996.

Řezáč, Jan & Mlčoch, Jan & Kirschner, Zdeněk: *Une rose pour Josef Sudek [1896-1976]*, Snoeck-Ducaju & Zoon 1998.

Dufek, Antonín: *El silencio de las cosas. Josef Sudek*, Barcelona, Fundación "la Caixa" 1998.

Dufek, Antonín: *Josef Sudek: Nordböhmen*, München, Verlag Walter Storms 1998.

Dufek, Antonín: *Josef Sudek: Das stille Leben der Dinge. Fotografien aus dem Besitz der Moravská galerie, Brünn*, Wolfsburg, Kunstmuseum 1998.

Fárová, Anna & Michaels, Barbara L.: *Josef Sudek [1896-1976]. An Overview. Sixty Pigment Prints from the Artist's Estate*, New York, Salander - O'Reilly Galleries, LLC 1998.

Birgus, Vladimír & Bonhomme, Pierre: *Beauté moderne. Les avant-gardes photographiques tchèques 1918-1948*. Paris & Praha, Mission du Patrimoine photographique & Kant 1998.

Birgus, Vladimír & Bonhomme, Pierre: *Modern Beauty. Czech Photographic Avant-garde 1918-1948 / Moderní krása. Česká fotografická avantgarda 1918-1948*, Praha, Galerie hl. m. Prahy & Kant 1999.

Zuckriegl, Margit (Ed.): *Laterna Magica. Einblicke in eine tschechische Fotografie der Zwischenkriegszeit*, Salzburg, Rupertinum 2000.

Birgus, Vladimír & Mlčoch, Jan: *The Nude in Czech Photography / Akt v české fotografii*, Praha, Kant 2000.

Dufek, Antonín: *Josef Sudek. Fotografie 1940-70. Z fotografické sbírky Moravské galerie*, Brno, Moravská galerie 2001.

Jůza, Jiří: *Svět tance Jiřího Jašky a Josefa Sudka*, Ostrava, Galerie výtvarného umění 2002.

Koenigsmarková, Helena & Gouvion Saint-Cyr, Agnès de & Mlčoch, Jan: *Prague panoramique*, Paris, Maison Européenne de la Photographie 2002.

Fárová, Anna & Jirousová, Věra & Javůrek, Petr: *Ateliér Josefa Sudka 2000-2002*, Praha, Gema Art 2002.

Articles / Články

Funke, Jaromír: Sudkovy fotografie, *Panorama* 6, 1928, č. 1-2, s. 56-59.

Halas, František: Josef Sudek, *Panorama* 10, 1932, č. 6.

Altschul, Pavel: Fotograf Josef Sudek, *Žijeme* 2, 1932, č. 6, s. 183.

Teige, Karel: Cesty československé fotografie, *Blok* 2, 1948, č. 6, příloha P, s. 77-82.

Jeníček, Jiří: Josef Sudek, *Československá fotografie*, 1955, č. 3, s. 26-28.

Linhart, Lubomír: 60 let Josefa Sudka, *Československá fotografie*, 1956, č. 1, s. 30.

Jírů, Václav: Josef Sudek šedesátníkem, *Vytvarna práce*, 1956, č. 5.

Linhart, Lubomír: Josef Sudek a Jaromír Funke, *Československá fotografie*, 1956, č. 2, s. 64-65.

Adamec, O.: Na slovíčko s fotografem, *Večerní Praha*, 10. 12. 1956.

Jírů, Václav: Josef Sudek, *Československá fotografie*, 1957, č. 1, s. 5.

Berka, Čestmír: Josefa Sudka filosofické aforismy o fotografování, *Výtvarné umění 7*, 1957, č. 2, s. 87.

Pečírka, Jaromír: Fotografie Josefa Sudka, *Nový život*, 1957, č. 4, s. 446-448.

Dvořák, Karel: Filosofie času a tajemství okamžiku, *Literární noviny*, 1957, č. 48, s. 2.

Ki: Josef Sudek, *Kultura*, 1958, č. 46.

Sivko, Václav: Josef Sudek vystavoval, *Československá fotografie*, 1958, č. 4 , s. 132.

Kusák, Alexej: Malé fotografické panoráma, *Kultura*, 1959, č. 5.

Kozel, Dalibor: Se Sudkem na severu, *Literární noviny*, 17. 9. 1960.

Beránková, V.: Kouzla světel a stínů, *Práce*, 5. 2. 1963.

Skopec, Rudolf: Výtvarný fotograf Josef Sudek, *Mladý Polygraf*, 1963, č. 9.

Chaloupka, Otakar: Hovoří zasloužilý umělec Josef Sudek, *Československá fotografie* 14, 1963, č. 11, s. 373.

Skopec, Rudolf: Josef Sudek. Ein Kapitel Photogeschichte, *Im Herzen Europas*, 1964, září, s. 17-19.

Dvořák, Karel: Josef Sudek. Pokus o nástin některých souvislostí, *Československá fotografie* 17, 1966, č. 2, s. 46-48.

dvk: Dialog Miloně Novotného s Josefem Sudkem, *Československá fotografie* 17, 1966, č. 2, s. 66.

Anonym: Šest otázek Jiřímu Tomanovi aneb Vyptávání na Josefa Sudka, *Československá fotografie* 17, 1966, č. 2, s. 54.

Řezáč, Jan: Josef Sudek v magickém oku světa, *Československá fotografie* 17, 1966, č. 2, s. 67.

Řezáč, Jan: Slovník místo pamětí, *Kulturní tvorba* 4, 1966, č. 10, s. 8-9.

Hníková, Olga: Co vypadlo z podivného fotografa, *Mladá fronta*, 14. 3. 1966.

Řezáč, Jan: Sudek, *Camera* 45, 1966, č. 3, s. 6, 15.

Porter, Allan: Sudek, *Camera* 45, 1966, č. 3, s. 6.

Porter, Allan: Panoramas of the Czechoslovakian Landscape. Josef Sudek, *Camera* 46, 1967, č. 7, s. 22-23.

Kovářík, V. J.: Ateliér ve stínu činžáků, *Květy*, 14. 9. 1968, s. 42-44.

Sage, James: Josef Sudek. A Portfolio, *Infinity*, 1969, č. 18, s. 6-19.

Bullaty, Sonja: „...and there is music", *Infinity*, 1969, č. 18, s. 7.

Hníková, Olga: Na koho to slovo padne, na uzle a kudrlinky, *Mladá fronta*, 10. 1. 1970.

Tausk, Petr: Josef Sudek, ein wahrer Klassiker der tschechoslowakischen Fotografie, *Fotoprisma*, 1970, č. 4.

Hníková, Olga: Samorost jménem Sudek, *Mladá fronta*, 13. 3. 1971.

Mašín, Jiří: Josef Sudek 75, *Československá fotografie* 22, 1971, č. 3, s. 84.

Tausk, Petr: Josef Sudek - 75. ročný, *Výtvarníctvo Fotografia Film*, 1971, č. 4.

Pangerl, Franz: Böhmische Romantik Josef Sudek, Altmeister der tschechoslowakischen Fotografen, *Fotomagazin*, 1971, č. 10.

Bullaty, Sonja: Sudek, *U. S. Camera Annual*, 1971, s. 114-119.

er: S Josefem Sudkem o dobré práci, *Věda a život*, 1972, č. 2, s. 103-107.

Fárová, Anna: Ze sbírek fotografií UPM v Praze VIII - Josef Sudek, *Československá fotografie* 23, 1972, č. 8, s. 356.

Anděl, Jaroslav: Obrazová kvalita ve fotografiích Josefa Sudka, *Fotografie 73* 17, 1973, č. 2, s. 18-19.

Remeš, Vladimír: Josef Sudek, *Fotografie 73* 17, 1973, č. 2, s. 12-17.

Josef Sudek, *Creative Camera*, 1973, č. 109, s. 234-235.

Sudek, Josef: Panoramas, *Creative Camera*, 1973, č. 113, s. 364-373.

Anděl, Jaroslav: Josef Sudek, Ein verdienter Künstler der CSSR, *Fotografie*, 1974, č. 2, s. 21-27.

Ginsberg, Paul: Josef Sudek, *Popular Photography*, 1974, č. 75, s. 151-152.

Sudek, Josef: The Birthplace of Janáček, *Creative Camera*, 1975, č. 136, s. 329-339; 348-353.

Tausk, Petr: Josef Sudek - 80 let, *T 76*, 1976, č. 2.

Lhoták, Kamil: Fotograf a sen, *Revue Fotografie 20*, 1976, č. 1, s. 3.

Jedlan, Jan: Josef Sudek a jeho místo v české fotografii, *Revue Fotografie 20*, 1976, č. 1, s. 7-20.

Fárová, Anna: Z tvůrčí dílny Josefa Sudka osmdesátiletého, *Československá fotografie 27*, 1976, č. 3, s. 106-110.

Křesťan, Rudolf: Muž s černou bedýnkou, *Mladý svět*, 1976, č. 18.

Soukup, Karel: S Josefem Sudkem o hudbě, *Československá fotografie 27*, 1976, č. 3, s. 110-111.

Porter, Allan: A Mysterious Light, *Camera 55*, 1976, č. 4, s. 4-5, 38-39.

Fárová, Anna: Josef Sudek, *Camera 55*, 1976, č. 4, s. 6-42.

Sawyer, Charles: Josef Sudek. The Czech Romantic, *Modern Photography*, 1976, č. 4, s. 108-117.

Spencer, Ruth: Josef Sudek. A Tribute to His Life, His Work, *The British Journal of Photography*, 1976, č. 123.

Veselý, Petr: Nedokončený rozhovor, *Mladá fronta*, 16. 10. 1976.

Tausk, Petr: Kořeny Sudkovy světovosti, *Dobré světlo*, 1976, č. 9, s. 9.

Puvogel, R.: Josef Sudek, *Kunstwerk*, 1976, č. 29, s. 84.

Normile, Ilka: Josef Sudek. A Backyard Romantic, *Afterimage*, 1977, č. 5, s. 8.

Ratcliff, Carter: Josef Sudek. Photographs, *Print Collector's Newsletter*, 1977, č. 8, s. 93-95.

Westerbeck, C. L.: Taking the Long View, *Artforum*, 1978, č. 16, s. 56-59.

Wigh, L.: Josef Sudek, Czech Photographer. Josef Sudek, Tjeckoslovakist Fotograf, *Fotografiska Museet*, 1978, č. 3-4, s. 1-4.

Bergerová, E. M.: Vyprávění pana Sudka ve filmu „Fotograf a muzika", *Fotografie 79 23*, 1979, č. 1, s. 53-61.

Fárová, Anna: Josef Sudek, Il grande cecoslovacco, *Fotografare*, 1979, č. 1, s. 78-82.

Goldberg, Vicki: Josef Sudek, a Monk of Photography, Transforming the Ordinary into the Rare, *American Photographer 2*, 1979, č. 3, s. 12, 16.

Goto, John: The Silent Labyrinths of Mr. Sudek, *British Journal of Photography*, 1979, č. 126, s. 128-132.

Linhart, Lubomír: Sociální téma v meziválečné české fotografii, *Fotografie 79 23*, 1979, č. 4, s. 26-29.

Tausk, Petr: The Roots of Modern Photography in Czechoslovakia, *History of Photography 3*, 1979, July, s. 253-271.

Scully, Julia: Seeing Pictures, *Modern Photography*, 1979, č. 5.

Josef Sudek, *Creative Camera*, 1980, č. 190, s. 126-132.

Keledjian, Chris: Josef Sudek, An Alliance with Light, *Artweek*, 1981, č. 12.

Ellis, A.: Talking on Landscape. *British Journal of Photography*, 1982, č. 129, s. 274-275.

Tausk, Petr: Josef Sudek. His Life and Work, *History of Photography* 6, 1982, January, s. 29-58.

Sturman, John: Josef Sudek, *Art News*, 1986, č. 85, s. 132.

Sudek, Josef: Stilleben-Portfolio, *Du*, 1987, č. 4, s. 100-105.

Sudeberg, Erika: The Father of European Modernism, *Artweek*, 1988, č. 19, s. 10.

Moucha, Josef: Josef Sudek - nová monografie, *Ateliér* 4, 1991, č. 25, s. 14.

Mlčoch, Jan: Panoramatický svět Josefa Sudka. Výstava čtyřiceti fotografií Josefa Sudka ze sbírek Uměleckoprůmyslového musea v Praze, *Ateliér* 6, 1993, č. 25, s. 6.

Dufek, Antonín: Poznámky o Josefu Sudkovi, *Revue Fotografie* 38, 1994, č. 1, s. 20-25.

Effenberger, Vladimír: Výstava fotografií Sudka a některých jeho současníků ve Vancouveru, *Ateliér* 7, 1994, č. 22, s. 6-7.

Hvížďala, Karel: Archeologické průzkumy. Rozhovor s Annou Fárovou, *Týden* 1995, č. 39, s. 64.

Janata, Michal: Mnohovrstevnatost a bohatství Sudkova díla jsme schopni vnímat v plném rozsahu až dnes. Rozhovor s Annou Fárovou, *Český týdeník*, 1995, č. 85, s. 17.

Moucha, Josef: Josef Sudek aneb Mezi ornamentem a géniem, *Ateliér* 10, 1997, č. 22, s. 4.

Mlčoch, Jan: Romantik Josef Sudek, *Ateliér* 14, 2001, č. 14-15, s. 7.

Moucha, Josef: Postmoderní evergreen Josef Sudek, *Ateliér* 14, 2001, č. 21, s. 7.

List of Published Photographs

Soupis publikovaných fotografií

144

Alexandr **Hackenschmied**

Jindřich **Štyrský**

Karel **Cudlín**

Alfons **Mucha**

Zdeněk **Tmej**

Karel **Teige**

Viktor **Kolář**

Jaroslav **Rössler**

Bohdan **Holomíček**

Josef **Koudelka**

Jan **Lukas**

Ivo **Přeček**

Josef **Sudek**

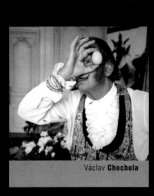

Václav **Chochola**

Eva **Davidová**

Antonín **Kratochvíl**

Jaromír **Funke**

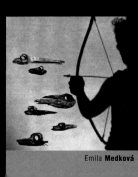

Emila **Medková**

FOTO**TORST**

Josef Binko

Also available through D. A. P. / Distributed Art Publishers
155 Sixth Avenue, 2nd Floor, New York, N.Y. 10013, USA
Tel: ++1 (212) 627-1999 Fax: ++1 (212) 627-9484

Tono Stano

Josef **Sudek**

by Anna Fárová
Biography by Anna Fárová and Josef Moucha
Bibliography by Josef Moucha
Translation: Derek Paton
Photo selection: Martin Balcar
Graphic concept: Studio Najbrt, Prague
Graphic design: Pavel Lev, Studio Najbrt
Lithography: Art D, Prague
Printed by Trico, Prague
Copy editors: Jan Šulc, Lenka Urbanová, and Derek Paton
Published by TORST
Address: Opatovická 24, Prague 1,
CZ-110 00, Czech Republic
foto@torst.cz
Second edition, 2005

Also available through D. A. P./Distributed Art Publishers
155 Sixth Avenue, 2nd Floor, New York, N.Y. 10013, USA
Tel: ++1 (212) 627-1999 Fax: ++1 (212) 627-9484